Chifae Ghazouani
Haythem Ghazouani

Mise en Oeuvre d'un Moteur de Recherche Sémantique

Chifae Ghazouani
Haythem Ghazouani

Mise en Oeuvre d'un Moteur de Recherche Sémantique

Fouille du Web et Ontologies au Profit du Web Sémantique

Presses Académiques Francophones

Impressum / Mentions légales
Bibliografische Information der Deutschen Nationalbibliothek: Die Deutsche Nationalbibliothek verzeichnet diese Publikation in der Deutschen Nationalbibliografie; detaillierte bibliografische Daten sind im Internet über http://dnb.d-nb.de abrufbar.
Alle in diesem Buch genannten Marken und Produktnamen unterliegen warenzeichen-, marken- oder patentrechtlichem Schutz bzw. sind Warenzeichen oder eingetragene Warenzeichen der jeweiligen Inhaber. Die Wiedergabe von Marken, Produktnamen, Gebrauchsnamen, Handelsnamen, Warenbezeichnungen u.s.w. in diesem Werk berechtigt auch ohne besondere Kennzeichnung nicht zu der Annahme, dass solche Namen im Sinne der Warenzeichen- und Markenschutzgesetzgebung als frei zu betrachten wären und daher von jedermann benutzt werden dürften.

Information bibliographique publiée par la Deutsche Nationalbibliothek: La Deutsche Nationalbibliothek inscrit cette publication à la Deutsche Nationalbibliografie; des données bibliographiques détaillées sont disponibles sur internet à l'adresse http://dnb.d-nb.de.
Toutes marques et noms de produits mentionnés dans ce livre demeurent sous la protection des marques, des marques déposées et des brevets, et sont des marques ou des marques déposées de leurs détenteurs respectifs. L'utilisation des marques, noms de produits, noms communs, noms commerciaux, descriptions de produits, etc, même sans qu'ils soient mentionnés de façon particulière dans ce livre ne signifie en aucune façon que ces noms peuvent être utilisés sans restriction à l'égard de la législation pour la protection des marques et des marques déposées et pourraient donc être utilisés par quiconque.

Coverbild / Photo de couverture: www.ingimage.com

Verlag / Editeur:
Presses Académiques Francophones
ist ein Imprint der / est une marque déposée de
OmniScriptum GmbH & Co. KG
Heinrich-Böcking-Str. 6-8, 66121 Saarbrücken, Deutschland / Allemagne
Email: info@presses-academiques.com

Herstellung: siehe letzte Seite /
Impression: voir la dernière page
ISBN: 978-3-8381-4350-7

Copyright / Droit d'auteur © 2014 OmniScriptum GmbH & Co. KG
Alle Rechte vorbehalten. / Tous droits réservés. Saarbrücken 2014

Table des matières

1 Présentation générale — 13
- 1.1 Introduction 13
- 1.2 Cadre Générale 13
- 1.3 Présentation du sujet 15
- 1.4 Problématique 15
- 1.5 Méthodologie adoptée 16
  - 1.5.1 Processus unifié ou méthodes Agiles ? 16
    - 1.5.1.1 Processus unifié 16
    - 1.5.1.2 Méthodes agiles 17
  - 1.5.2 Comparatif des méthodes agiles 18
  - 1.5.3 Méthodologie Scrum 18
- 1.6 Conclusion 21

2 État de l'art : Fouille des données au profit du Web sémantique — 23
- 2.1 Introduction 23
- 2.2 Limites du Web 2.0 24
- 2.3 Web sémantique 25
  - 2.3.1 les couches du Web sémantique 25
    - 2.3.1.1 Couche URI et Unicode 26
    - 2.3.1.2 Couche de données standardisées 27
    - 2.3.1.3 Couche RDF et RDF Schema 27
    - 2.3.1.4 Couche ontologique 28
    - 2.3.1.5 Couche Logique 29
    - 2.3.1.6 Couche confiance et preuve 31
- 2.4 Fouille de données 31
- 2.5 Fouille du Web 32

	2.5.1	Web Content Mining	34
	2.5.2	Web Usage Mining	35
	2.5.3	Web Structure Mining	36
2.6	Conclusion		36

3 Collecte, prétraitement et structuration des données — 37

3.1	Introduction	37
3.2	Objectif	37
3.3	Processus de structuration des données collectées	38
3.4	Collecte des données	39

	3.4.1	Web Structure Mining	40
	3.4.2	Web scraping	42

		3.4.2.1	Protocole HTTP	43
		3.4.2.2	Limites	44
		3.4.2.3	Aspect juridique	44

3.5	Prétraitement des données	45

	3.5.1	Extraction des données à partir des fichiers HTML	45
	3.5.2	Nettoyage des données	46

3.6	Structuration des données	47
3.7	Conclusion	48

4 Intégration sémantique des données à base d'ontologie — 51

4.1	Introduction	51
4.2	Objectif	51
4.3	Processus de construction de l'ontologie	52
4.4	Spécification des besoins	52
4.5	Modélisation conceptuelle de la BDBO	53
4.6	Implémentation	56
4.7	Conclusion	57

5 Moteur de recherche Drugstic — 59

5.1	Introduction	59
5.2	Objectif	59
5.3	Spécification des besoins	60
5.4	Architecture et solution proposée	61

		5.4.1	Fonctionnement des moteurs de recherche	61

       5.4.2   Fonctionnement du moteur de recherche Drugstic 63
              5.4.2.1   Architecture JAVA EE 63
              5.4.2.2   Architecture proposée pour la plateforme Drugstic   65
5.5   Patron de conception *Fabrique* 67
5.6   Couche présentation du Moteur de recherche Drugstic 69
5.7   Conclusion 70

Table des figures

1.1	Fonctionnalités de la plateforme DRUGSTIC	14
1.2	Architecture bidimensionnelle du processus unifié	17
1.3	Méthodologie Scrum	20
2.1	Architecture en couche du Web Sémantique	26
2.2	Exemple triplet RDF	28
2.3	Apport des ontologies dans le Web sémantique	29
2.4	Exemple d'ontologie	30
2.5	Processus d'Extraction des Connaissances à partir des Données[Fay96]	32
2.6	Processus du Web Mining	34
2.7	Processus du Web Content Mining	35
3.1	Processus de collecte, prétraitement et structuration des données .	38
3.2	Site Web de l'ordre des pharmaciens France	40
3.3	Outil inspecter l'élément	41
3.4	Graphe d'URL du site	42
3.5	Protocole HTTP	44
3.6	Extrait fichier HTML récupéré	46
3.7	Modèle de Structuration des données	47
3.8	Extrait du fichier CSV	48
4.1	Processus de construction de l'ontologie	52
4.2	Modèle EDM pour la conceptualisation des données	55
4.3	Représentation de l'ontologie de la plateforme Drugstic	57
5.1	Cas d'utilisation recherche d'une information de l'industrie pharmaceutique	60
5.2	Fonctionnement des moteurs de recherche non sémantiques	62
5.3	Architecture en couche des applications Web	62

5.4	Architecture JAVA EE	63
5.5	Architecture proposée pour le moteur de recherche Drugstic	65
5.6	Diagramme de classe du pattern *Fabrique*, exemple usine produit .	68
5.7	Application du patron *Fabrique* à la couche «Drugstic-serv»	69
5.8	Interface d'accueil	69
5.9	Interface choix du filtre	70
5.10	Interface sous filtre classe thérapeutique	71

Liste des tableaux

1.1	Tableau comparatif PU et Méthodes Agiles	18
1.2	Tableau comparatif de quelques méthodes agiles.	19
1.3	Description des Sprints du projet	21

Introduction générale

L'information joue inévitablement un rôle vital dans la société d'information d'aujourd'hui. L'avènement des nouvelles technologies a permis de stocker une gigantesque quantité d'information dans des supports minuscules. Ces supports constituent la base de la société de l'information électronique. Dans ce cadre, l'Internet est devenu un outil incontournable d'échange d'information grâce à la quantité et à la diversité de l'information qu'elle met à disposition des internautes. Ainsi, on pense même que c'est le Web qui fût l'élément décisif du passage d'une société industrielle à une société d'information. Une société d'information est une société où la création, la distribution et la manipulation d'information sont devenues des activités économiques et culturelles significatives. Le Web qui représente incontestablement la plus grande source d'information disponible jusqu'à présent, cible aujourd'hui environ 2.8 milliards d'internautes soit 38,8 % de la population mondiale. En effet, pour la plupart d'entre nous, le Web est notre premier refuge pour s'informer dans tous les domaines. Cependant, cet abri apporte autant de solutions que des problèmes, aussi bien pour les internautes que pour les concepteurs et les développeurs des sites Web.

A l'heure actuelle, pour un internaute ce n'est plus le manque d'information qui pose problème mais plutôt la difficulté à retrouver et visualiser l'information pertinente dans un contexte spécifique. Ainsi, la croissance exponentielle des données disponibles en ligne les rend quasiment inutilisables sans outils efficaces pour trouver la «bonne» information. Face à cette densité d'informations en ligne, la performance des algorithmes utilisés par les moteurs de recherche actuels n'est plus assez satisfaisante. En effet, le mécontentement des internautes est dû au nombre élevé de réponses non pertinentes retrouvées pour une requête donnée. Ces facteurs ont soulevé des défis majeurs pour les tâches de collecte, de gestion de l'information, de stockage efficace , de la transmission et la recherche efficace de l'information.

Afin de faire face à ces problèmes, les concepteurs ont opté pour rendre les requêtes interprétables par machine. Ceci est devenu possible en intégrant la notion d'ontologie dans le Web. Ce qui a contribué à l'apparition d'un nouveau concept connu sous le nom de Web sémantique. Ce concept se base essentiellement sur les ontologies afin de répondre efficacement aux requêtes des internautes. C'est dans ce cadre que vient s'inscrire notre projet. L'idée consiste essentiellement à la construction d'une ontologie à partir des données Web et son intégration dans un système de recherche en ligne au profit de l'industrie pharmaceutique. Le premier défi soulevé, consiste à l'automatisation de l'extraction des données à partir du Web qui représente une volumineuse source de données hétérogènes. La non homogénéité et la densité des données disponibles rendent leur traitement une tâche assez fastidieuse. L'automatisation de la construction de l'ontologie représente un autre défit majeur vu que sa mise en œuvre manuellement est une opération très longue, voire même impossible. Une fois ces défis surmontés, l'ontologie construite sera exploitée par le biais d'un moteur de recherche sémantique qui doit répondre pertinemment aux requêtes client.

Le présent mémoire s'articule autour de cinq chapitres :

- Le premier chapitre décrit le cadre général du projet à savoir la plateforme Drugstic qui représente une solution innovante, proposée par notre organisme d'accueil. Cette solution vise à rendre l'industrie pharmaceutique plus transparente et plus accessible via une seule plateforme. Dans ce chapitre, nous posons aussi la problématique de notre projet et nous clôturons par le choix de la méthodologie à adopter pour mener à bien sa réalisation.
- Le deuxième chapitre constitue l'état de l'art de la fouille de données au profit du Web sémantique. Ce chapitre, nous permet de se positionner par rapport au flot des méthodes et des techniques utilisées dans le même contexte de notre problématique. Nous y présentons l'apport du Web sémantique par rapport à celui du Web 2.0 et détaillons les différentes couches essentielles pour la mise en œuvre de ce concept. Nous y exposons aussi les différentes techniques permettant l'exploitation des données Web, telles que la fouille de données, la fouille du Web et ses trois axes à savoir le *Web content mining*, le *Web structure mining* et le *Web usage mining*.
- Le troisième chapitre représente un processus crucial pour la mise en œuvre

de la plateforme Drugstic. L'extraction, le nettoyage et la structuration des données Web essentielles sont décortiqués à cette étape. Chaque étape du processus adopté ainsi que les techniques de la fouille du Web utilisées à savoir le *Web Scraping* et le *Web structure mining* sont détaillés dans ce chapitre.

- Le quatrième chapitre est consacré en premier lieu à la présentation du processus adopté pour la construction de notre ontologie à partir des données collectées. En deuxième lieu, nous proposons un modèle de données d'entité Drugstic pour une solution flexible et générique qui permettra une intégration sémantique optimisée des données hétérogènes.

- Le cinquième chapitre est dédié à la recherche sémantique en se basant sur l'ontologie déjà construite dans le quatrième chapitre. Nous y présentons le fonctionnement ainsi que l'architecture du moteur de recherche Drugstic.

- Un chapitre conclusion et perspectives vient enfin, résumer et évaluer le travail effectué et ouvrir des axes qui pourront être exploités en partant de ce qui a été fait dans ce projet.

Chapitre 1

Présentation générale

1.1 Introduction

Nous entamons ce chapitre introductif par une description du cadre du projet, suivie d'une présentation du sujet. A la fin du chapitre, nous argumentons le choix de la méthodologie que nous avons adoptée.

1.2 Cadre Générale

Notre organisme d'accueille est une entreprise jeune et créative avec les plus hauts standards de qualité. Dans la mise en œuvre de ses projets, cette Startup compte sur de puissants programmes open source et des solutions innovantes. Dans le cadre d'innovation et de la créativité, cette dernière est en cours de créer une harmonie entre l'Internet, la technologie et le domaine pharmaceutique à travers une plateforme intitulé DRUGSTIC.

DRUGSTIC vise à rendre l'industrie pharmaceutique plus transparente et plus accessible via une seule plateforme. En effet, Cette dernière englobe les données du monde entier concernant les laboratoires, les médicaments, les grossistes répartiteurs, les pharmacies, les hôpitaux...etc. La Figure 1.1 illustre les principales fonctionnalités du projet Drugstic :

La vision la plus passionnante de ce projet est d'aider les industries pharmaceutiques à mieux distribuer leurs produits sur le marché. Grâce à un programme de partenariat qui leurs permet de vérifier le comportement de leurs produits

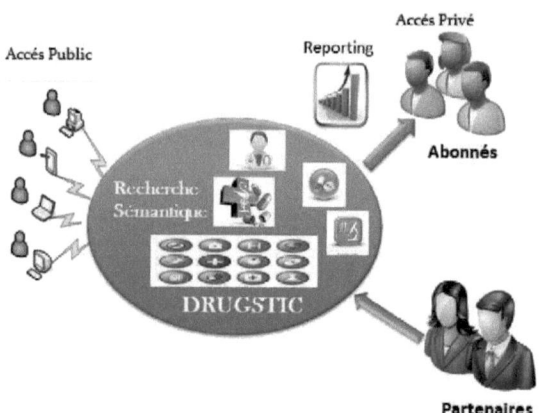

FIGURE 1.1 – Fonctionnalités de la plateforme DRUGSTIC

sur le marché local et international. En effet, le projet consiste à développer une plateforme permettant de fournir des statistiques sur la distribution des médicaments par région d'une façon facile et rapide. Pour ce fait, DRUGSTIC contiendra essentiellement deux grandes parties.

Une partie *back-end* contenant la base de données complète des médicaments, leurs classes thérapeutiques, leurs molécules, les laboratoires, la distribution géographique...etc. cette partie sera conçue sous forme d'un moteur de recherche sémantique fournissant des résultats de recherches pertinentes et satisfaisantes. Elle contiendra aussi les données mensuelles des distributions fournies par les grossistes de médicaments.

Une partie *front-end* sous forme d'interfaces utilisateurs, contenant l'exploitation des données du système *back-end* comme moteur de recherche. Ce dernier permettra d'afficher les données pour les différentes parties du système avec un filtre adapté pour chacun. Cette partie contiendra également un module de "reporting" des données pour générer les statistiques de distribution. Ces rapports seront achetés en ligne d'où la nécessité d'intégration d'un module de payement.

Le développement de DRUGSTIC sera réalisé dans le cadre d'une équipe sous forme d'entités. Dans ce qui suit nous présentons l'entité de cette plateforme qui représentera le sujet de notre projet.

1.3 Présentation du sujet

Le projet consiste à collecter les données des médicaments, des grossistes répartiteurs, des laboratoires, des pharmacies...du monde entier pour enfin les *mappe*r dans le système de données de la plateforme. Le sujet englobe donc deux principales phases.

La première phase consiste à extraire les données nécessaires à partir des sites Web officiels de chaque pays. Ces données doivent être nettoyées et normalisées pour une meilleure exploitation par l'étape suivante.

La deuxième phase consiste à développer un moteur de recherche permettant d'exploiter les données et répondre aux requêtes clients d'une façon efficace et pertinente. Pour ce fait, ce dernier doit être sémantique pour pouvoir interpréter les requêtes saisies.

1.4 Problématique

Le Web représente une gigantesque source de données. Or, les données en ligne ne sont pas structurées comme dans le cas des bases de données. Ce qui rend l'exploitation ces données Web une tâche assez complexe voire rigide. Dans notre cas les données seront extraites à partir des sites Web sous forme de fichiers HTML de différentes structures. Vu l'immensité des données nécessaires, la tâche de l'extraction doit être automatisée. En plus, afin de palier au problème de l'hétérogénéité, ces fichiers doivent être traités pour pouvoir en normaliser les données et en extraire les informations utiles.

Le processus utilisé jusqu'à présent pour rechercher une information consiste à comparer la liste des mots saisis par l'internaute avec les mots clés de chaque site. C'est la définition de «la recherche par indexation». Cette méthode s'avère souvent très limitée et non efficace. En effet, il suffit juste que le mot recherché figure dans la liste des mots clés du site, au niveau de la balise «Méta» du code HTML du site, pour que l'adresse URL de ce dernier soit retournée par le moteur. Dans notre cas, le moteur de recherche doit répondre convenablement aux requêtes de l'utilisateur. Nous visons donc une recherche sémantique qui permettra d'améliorer la précision par la compréhension de l'objectif de recherche et la signification contextuelle des termes. On doit nécessairement opter pour un moteur de recherche sémantique dont les données sont connectées adéquatement.

1.5 Méthodologie adoptée

Le choix d'une méthodologie pour un projet de développement dépend de plusieurs contraintes tels que la taille du projet, sa nature, le coût, le budget, et la durée du projet.

Dans notre cas, le développement du projet fait intervenir une équipe de six personnes. c'est un projet d'une durée totale de douze mois (toute la plateforme DRUGSTIC). Les besoins peuvent évoluer toute au long de la réalisation du projet.

1.5.1 Processus unifié ou méthodes Agiles ?

Dans cette section, nous illustrons une étude comparative entre le processus unifié et les méthodes agiles afin de se fixer sur le choix à adopter pour la méthodologie de travail durant ce projet.

1.5.1.1 Processus unifié

Processus unifié est un processus de développement logiciel conduit par les cas d'utilisation et piloté par les risques. Les principales caractéristiques de ce processus sont :
- itératif,
- incrémental,
- centré sur l'architecture,
- basé sur UML.

La gestion d'un tel processus est organisée suivant les quatre phases suivantes : inception, élaboration, construction et transition. Ses activités de développement sont définies par cinq disciplines fondamentales qui décrivent la capture des besoins, l'analyse et la conception, l'implémentation, le test et le déploiement. Pour ce fait, le processus unifié suit une architecture bidimensionnelle illustrée par la figure 1.2 :

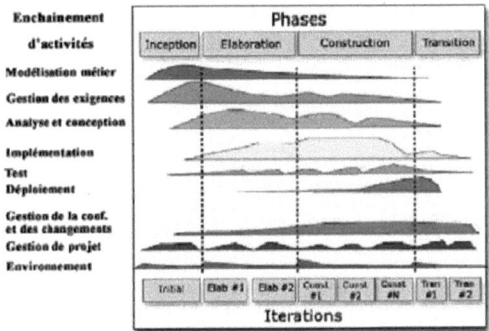

FIGURE 1.2 – Architecture bidimensionnelle du processus unifié

1.5.1.2 Méthodes agiles

Les méthodes agiles sont des groupes de pratiques de projets de développement pouvant s'appliquer à divers types de projets. Elles sont basées sur l'expérience et le bon sens. Plusieurs idées maîtresses régissent ces méthodes. Elles visent avant tout à obtenir un résultat et non à appliquer un formalisme rigide, elles sont centrées sur le produit, elles sont orientées vers les personnes plutôt que vers les processus et elles ne sont qu'un outil au service de la réalisation et non une fin en soi.

Ses principales caractéristiques sont :

- Les itérations courtes,

- Incrémental,

- La conception par les tests,

- Guidé par les besoins client,

- Le travail en équipe.

Le tableau 1.1 illustre la différence entre le processus unifié et les méthodes agile.

	Points clés	Inconvénients
Processus Unifié	-processus complet assisté par des outils. - rôles bien définis.	-lourd, difficile à mettre en œuvre de façon spécifique. -pour gros projets avec beaucoup de documentation.
Méthodes Agiles	-flexible selon la nature du projet -centrées sur le produit	-pas de formalisme bien définis

TABLE 1.1 – Tableau comparatif PU et Méthodes Agiles

En se basant sur cette étude comparative et sur les caractéristiques de notre projet, nous optons pour les méthodes agiles. En effet, la réalisation de notre projet ne nécessite pas une documentation très détaillée. Notre objectif c'est plutôt la réalisation d'un projet qui répond aux besoins client dans les délais. Dans ce qui suit, nous explorons les différentes méthodes agiles afin d'en choisir une, la plus adaptée à notre projet.

1.5.2 Comparatif des méthodes agiles

Les méthodes agiles les plus connues sont :
- Extreme Programming (XP),
- Feature-Driven Development (FDD),
- Scrum.

Le tableau 1.2 résume la différence entre les méthodes agile courantes. D'aprés ce comparatif, la méthodologie Scrum se voit la plus adéquate pour notre projet. En effet, cette dernière est destinée à des équipes de taille réduite et à des projets où les besoins sont susceptibles d'évoluer . Dans ce qui suit, nous présentons les avantages de la méthodologie Scrum.

1.5.3 Méthodologie Scrum

Scrum focalise l'équipe sur une partie limitée et maitrisable des fonctionnalités à réaliser. Dans le cas de très grands projets, on parle alors de Scrum de Scrums. Ces incréments se réalisent successivement lors de périodes de durée fixe de 7 jours

	Points clés	Inconvénients
XP	-Développement guidé par les besoins du client. -Equipes réduites, centrées sur les développeurs par binômes. -Builds journaliers, amélioration constante, adaptativité aux modifications.	-Focalisation sur l'aspect individuel du développement, au détriment d'une vue globale et des pratiques de management ou de formalisation. -Risque de manquer de contrôle et de structuration en laissant les développeurs trop libres de dériver par rapport aux fonctions de l'application.
Scrum	-équipe réduite (entre 3 et 10 personnes). -besoins évolutifs -courte réunions journalières. -réunion fin de semaine. -itérations de 7 à 30 jours (Sprints)	-La mise en oeuvre du développement n'est pas précisée, focalisation sur la gestion des ressources humaines.
FDD	-procédé bien défini et simple. -itérations très courtes. -orienté objet et basé sur le développement.	-centré uniquement sur le développement.

TABLE 1.2 – Tableau comparatif de quelques méthodes agiles.

à un mois, appelées Sprints. Chaque sprint possède un but à atteindre, défini par le propriétaire et planifié par l'équipe. Il constitue un incrément, facilitant le pilotage du projet, il peut être affiné et faire l'objet d'une renégociation entre ce premier et l'équipe de développement ou même annulation. L'approche incrémentale et basée sur les besoins priorisés du client confèrent à la méthodologie Scrum une flexibilité extrême. Cette méthodologie est illustrée par la figure 1.3 :

Scrum est une méthodologie adoptée par la plupart des entreprises vue les avantages suivants :

- **Augmentation de la productivité** : En évitant les contraintes des méthodes classiques comme la documentation ou la formalisation exagérée, SCRUM permet d'augmenter la productivité de l'équipe. En ajoutant à cela la qualification de chaque module permettant d'en déterminer un chiffrage, chacun peut se positionner par rapport à la productivité moyenne de l'équipe.

- **Maximisation de la coopération** : les échanges quotidiens entre le client et l'équipe permettent un rapprochement et une entraide se met logiquement en place.

- **Augmentation de la communication** : en travaillant dans la même salle de développement, ou en étant connecté avec différents moyens de communication, l'équipe peut communiquer facilement et échanger sur les obstacles afin de les supprimer au plus tôt.

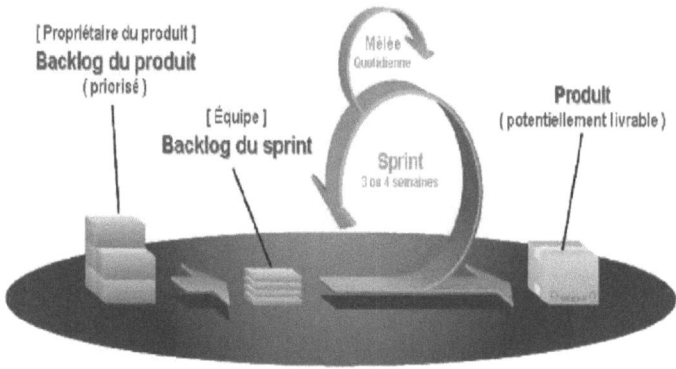

FIGURE 1.3 – Méthodologie Scrum

- **Méthode itérative et incrémentielle** : cela permet d'éviter "l'effet tunnel", c'est-à-dire le fait de ne voir le résultat qu'à la livraison finale et rien ou presque rien pendant toute la phase de développement, si fréquent dans les développements avec le cycle en V.

- **Adaptabilité maximale pour le développement de produits et d'applications** : la composition séquentielle du contenu des sprints permet d'ajouter une modification ou une fonctionnalité qui n'était pas prévue au départ. C'est principalement cela qui rend cette méthode "agile".

Après avoir présenté notre projet et choisi la méthodologie la plus adéquate à savoir la méthodologie Scrum. Il est temps de formaliser notre projet sous forme de Sprints toute en spécifiant la priorité et la durée approximative de chaque Sprint. Le tableau 1.3 décrit les trois Sprints essentiels pour la réalisation de l'entité de la plateforme Drugstic qui représente notre sujet. La réalisation de chaque Sprint sera détaillée dans un chapitre à part.

Sprint	Description	Durée	Priorité
Collecte, prétaitement et structuration des données	Ce Sprint permet d'automatiser la collecte à partir du Web, le prétraitement et la structuration des données nécessaires pour enfin les avoir dans un format interprétable par machine.	4 semainess	1
Intégration sémantique des données à base d'ontologie	Ce Sprint consiste à intégrer les données collectées toute en assurant la liaison sémantique entre eux.	4 semaines	2
Moteur de recherche Drugstic	Durant ce Sprint nous nous chargeons de développer les différentes couches du moteur de recherche Drugstic	4 semaines	3

TABLE 1.3 – Description des Sprints du projet

1.6 Conclusion

Dans ce chapitre, nous avons présenté le projet DRUGSTIC en générale ainsi que l'entité représentant notre projet. Ensuite, nous avons défini la problématique de notre projet. Nous avons finalisé ce chapitre par une étude comparative de quelques méthodologies, et ce pour argumenter le choix de la méthodologie Scrum qui se voit la plus adéquate à notre projet. Dans le chapitre qui suit, nous illustrons l'état de l'art des méthodes et des techniques qui nous seront utiles pour la mise en œuvre des tâches qui nous ont été accordées.

Chapitre 2

État de l'art : Fouille des données au profit du Web sémantique

2.1 Introduction

L'avènement de l'internet a révolutionné le monde dans la mesure où le Web touche en profondeur tous les secteurs et devient un immense espace d'échange d'informations. Cependant, les ressources présentent en ligne ne sont compréhensibles que par l'être humain. Ce qui explique l'inefficacité des résultats de recherche sur Web (Web 2.0). C'est dans ce contexte que vient de s'inscrire le concept du Web sémantique. Ce dernier enchère aux internautes des résultats de recherche très pertinentes en ajoutant une relation sémantique entre les données. De même, le Web actuel représente une immense source de données. Pour pouvoir exploiter cette énorme quantité de ressources en ligne, l'utilisation des techniques de fouille de données est devenue indispensable. Dans ce chapitre nous illustrons les limites du Web 2.0, puis le concept du Web sémantique, ensuite nous présentons la fouille de données suivie de la fouille du Web et ses différents axes.

2.2 Limites du Web 2.0

Le concept «Web 2.0» est apparu en 2004, ce terme est suggéré par Dale DOUGHERTY, membre de l'équipe de Tim O'REILLY lors d'un Brainstorming avec Craig CLINE de MediaLive afin de développer des idées pour une conférence conjointe.

Le Web 2.0 est avant tout un ensemble de techniques regroupées dans un discours qui se veut fédérateur et innovant [Deu06]. L'innovation ne réside pas dans l'utilisation des nouvelles techniques mais plutôt dans le fait de combiner des anciennes technologies pour permettre à l'utilisateur d'enrichir le Web. Avec l'apparition du Web 2.0, le Web n'est plus un ensemble de pages statiques liées par des liens hypertextes mais plutôt un espace d'échange avec les internautes, c'est le Web dynamique. Grâce à ce concept, le Web est devenu une plate-forme de services fournissant une panoplie d'applications Web aux utilisateurs, ce qui a engendré une remarquable augmentation dans le nombre des internautes et par la suite des données.

Avec la démocratisation du Web, l'explosion des sites et des contenus en avait déjà fait un espace où les informations ne se retrouvaient pas facilement. Dès 1995, des dizaines de moteurs de recherche comme *Yahoo!* ou *Altavista* verront le jour pour combler ce manque [Rev12]. Ces initiaux moteurs de recherche faisaient une indexation automatique des pages internet en utilisant des robots appelés «crawler» qui parcouraient le Web à l'aveugle à travers des liens hypertextes. La mission de ces robots était de trouver un maximum de pages internet puis de stocker les informations sur les serveurs. Ces informations sont par la suite triées par le biais des algorithmes pour définir les pages internet les plus révélatrices pour l'utilisateur en fonction des occurrences des mots clés par rapport à sa requête dans l'index général des pages stockées.

Dans ce contexte, la moindre recherche peut mener à une confusion et devenir totalement frustrante puisque les moteurs de recherche ne comprennent ni les requêtes qu'ils reçoivent ni les résultats qu'ils renvoient. C'est dans ce cadre que vient de s'inscrire l'idée du Web intelligent ou le Web sémantique.

2.3 Web sémantique

Le Web sémantique est un projet développé et géré par le Consortium du *World Wide Web* (W3C) en collaboration avec un grand nombre de chercheurs et de partenaires industriels. L'expression Web sémantique, attribuée à Tim BERNERS-LEE [Ber01], fait référence à la vision d'un Web ayant les données bien structurés et liées d'une façon formelle afin qu'ils soient compréhensibles aussi bien par les internautes que par les machines. Le Web sémantique désigne un espace d'échange et de manipulation de grandes sources de données visant à rendre le contenu des pages Web accessibles aux humains et aux agents artificiels [Gue09]. L'idée est de rendre le contenu du Web exploitable par les machines. En effet, pour pouvoir répondre d'une façon pertinente aux requêtes de l'internaute, la machine doit tout d'abord interpréter les diverses données disponibles sur le Web et la sémantique de la requête saisie. Pour ce fait, le contenu du Web doit avoir une représentation sémantique qui donne un sens à la relation entre les données.

Le principe du Web sémantique consiste brièvement à attacher des métadonnées à toutes les ressources disponibles sur le Web [Mes07]. L'ajout des métadonnées permet la modélisation des informations disponibles permettant l'encodage des données dans un format lisible par la machine.

Pour pouvoir exploiter ces structures de données et les liens logiques qui les relient, le Web sémantique suit une architecture en couches proposée par Tim BERNES-LEE.

2.3.1 les couches du Web sémantique

La manipulation des ressources du Web par des agents artificiels nécessite la description formelle de ces ressources. À cet effet, plusieurs notions ont été définies. Ces dernières, doivent permettre d'exprimer les données et les métadonnées, de décrire les services et leur fonctionnement et de disposer d'un modèle abstrait décrit grâce à la notion d'ontologies. Les différentes couches du Web sémantique sont illustrées par la figure 2.1 .

Étant donné le caractère immense et désordonné des données disponibles sur le réseau du net, on attend du Web sémantique une meilleure structuration de ces dernières et une affectation parfaite des métadonnées qui puisse simplifier leurs interprétations par les machines. Pour mener à bien ces objectifs, le W3C a mis au

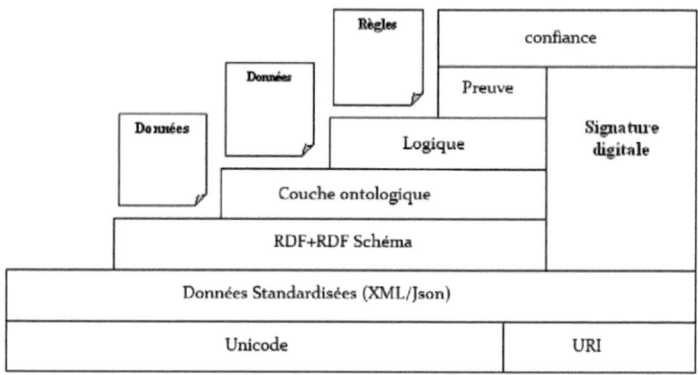

FIGURE 2.1 – Architecture en couche du Web Sémantique

point une série de recommandations pour l'ensemble des couches de l'architecture. Dans ce qui suit, nous détaillerons les différents niveaux de cette architecture

2.3.1.1 Couche URI et Unicode

L'URI (Uniform Resource Identifier) est une séquence de caractères ayant une syntaxe restreinte permettant d'identifier, d'une manière unique et uniforme, toute ressource sur le Web. Une ressource est un objet ayant une identité, telle qu'un document électronique, une page HTML, un fichier, une image, une vidéo, un service voire un internaute.

L'uniformisation des ressources assure une interprétation sémantique uniforme des conventions syntaxiques communes pour les différents identificateurs. De même, elle permet d'introduire de nouveaux types d'identificateurs de ressources sans interférer avec ceux existants. L'utilisation des URI permet également la réutilisation des différents identificateurs dans des contextes distincts.

Pour un maximum d'interopérabilité, les données sont toujours encodées par un Unicode. Ceci explique l'existence de ce dernier dans la couche la plus basse de l'architecture dans le même niveau que l'URI.

2.3.1.2 Couche de données standardisées

C'est une couche syntaxique de bas niveaux qui permet de structurer les données et les organiser selon un format standard. La standardisation des données est assurée par le biais des langages de structuration des données tels que XML et Json.

Jusqu'à ce niveau de l'architecture, le problème de l'interprétation de la sémantique de l'information par la machine n'est pas encore résolu. Cette couche a su donner une nouvelle dimension aux informations en les structurant, mais elle ne permet ni de leur décrire ni de leur lier logiquement. Pour ce fait, cette dernière sera enrichie par des standards de représentation des connaissances fournies par la couche suivante.

2.3.1.3 Couche RDF et RDF Schema

Après avoir référencé les ressources avec les URI et standardisé les informations grâce au langage de structuration, l'étape suivante consiste à les annoter, afin de les doter d'un sens interprétable par la machine. L'annotation sémantique se résume en la génération d'informations spécifiques, appelées métadonnées, qui sert à la description d'un document pour un accès et une gestion plus efficace des informations disponibles sur le Web [Yan06]. C'est le rôle de la couche RDF.

une information en Web sémantique est présentée sous forme d'un schéma RDF(«Resource Description Framework») qui est un modèle permettant de représenter les données formellement. RDF permet de voir le Web comme un ensemble de ressources reliées par les liens étiquetés «sémantiquement» [Lau02]. Ce dernier définit des structures de données et les relations logiques qui les lient sous forme d'un triplet sujet-prédicat-objet. Chaque élément de ce triplet peut être un URI, un document, une variable...etc. Les triplets d'éléments sont la base d'un schéma RDF . Ils assurent la liaison et la description des ressources d'une manière souple et efficace sous la forme d'un graphe. La Figure 2.2 illustre le graphe présentant l'expression "L'Aspirine appartient à la classe thérapeutique Antalgiques ".

-Le sujet représente la ressource à décrire,

-Le prédicat permet d'attribuer un type de propriété à la ressource décrite,

-L'objet c'est une donnée ou une autre ressource permettant d'attribuer une

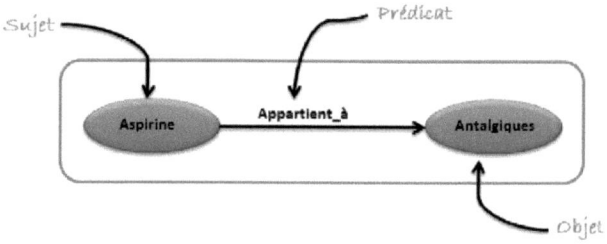

FIGURE 2.2 – Exemple triplet RDF

valeur à la propriété.

De cette façon, RDF assure la liaison sémantique entre les ressources, ce qui facilite l'élaboration de la couche ontologique.

2.3.1.4 Couche ontologique

En philosophie, l'ontologie est une branche concernant l'étude de l'être. Avec l'émergence de l'ingénierie des connaissances, ce terme a pris une autre tournure pour désigner la problématique de représentation et de manipulation des connaissances dans un système informatique [Psy03]. En effet, les ontologies informatiques sont des outils qui permettent de représenter des connaissances d'une façon précise, abstraite et réutilisable. Elles représentent un ensemble de concepts structurés et reliés formellement. Une ontologie est définie comme étant «une spécification formelle d'une conceptualisation partagée» [Bor97].

L'apport des ontologies dans les systèmes informatiques basés sur le Web sémantique, illustré par la Figure 2.3, est très considérable et consiste surtout en la réutilisation et le partage des connaissances.

Dans le Web sémantique, d'une façon générale, et dans notre application en particulier, les ontologies sont utilisées pour indexer et décrire formellement les données utilisées. Cela assure la précision et la pertinence des résultats des recherches. Une ontologie représente les connaissances sous forme d'un graphe où les données sont indexées et reliées par des métadonnées. La figure 2.4 illustre un exemple d'ontologie.

L'élaboration de la couche ontologique, selon la standardisation du W3C, revient à l'utilisation du langage OWL (Ontology Web Language). Il s'agit d'un

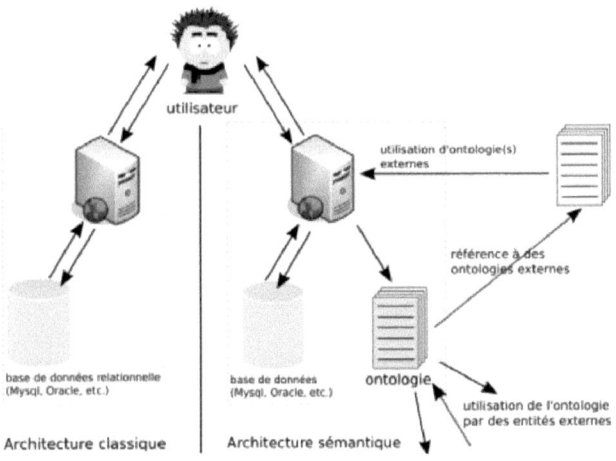

FIGURE 2.3 – Apport des ontologies dans le Web sémantique

vocabulaire XML basé sur RDF qui permet d'élaborer des ontologies Web structurées. Ce langage est recommandé par le W3C comme un standard pour le Web sémantique et constitue le fondement pour le Web sémantique, selon Tim BERNERS-LEE [1]. OWL a pour principale caractéristique de décrire des concepts et des relations entre ces concepts, afin de permettre un raisonnement logique au sein des systèmes d'information, qu'on appelle inférences. Les règles d'inférences sont définis par la couche suivante.

2.3.1.5 Couche Logique

La couche logique permet d'exprimer les règles d'inférences. Ces règles permettent l'exploitation de différentes connaissances liées dans l'ontologie. Ce qui assure l'extraction des nouvelles connaissances par déduction. La logique descriptive est le formalisme le plus adoptée pour la représentation des règles d'inférences. Cette dernière, assure une représentation de connaissances basée sur la logique.

---

1. http ://www.w3.org/2004/01/sws-pressrelease [Consulté le 15-04-2014]

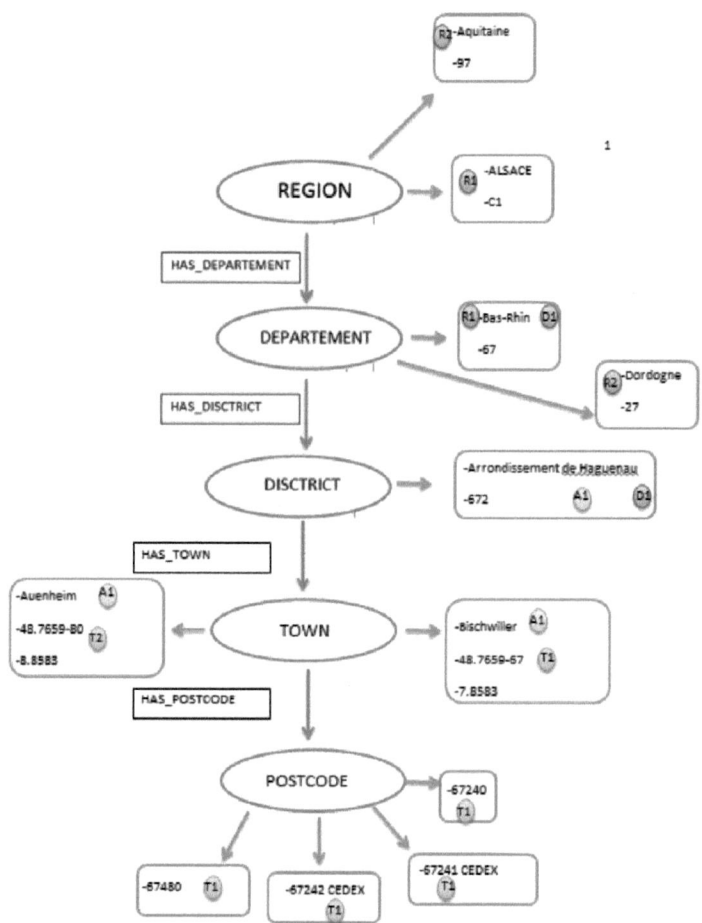

FIGURE 2.4 – Exemple d'ontologie

2.3.1.6 Couche confiance et preuve

La couche Preuve permet de prouver la pertinence de l'information retournée par les couches de plus bas niveau et des déductions obtenues à partir des inférences. Ceci en gardant trace des sources d'information et des raisonnements effectués.

Le Web est un environnement très ouvert et dynamique. En effet, tout internaute est en mesure d'éditer et de publier des informations de façon très simple. La couche confiance dans cette architecture assure l'évaluation de la fiabilité de l'information. Cette couche repose essentiellement sur les signatures numériques, le cryptage des données et sur la fiabilité des sources d'information.

En Web sémantique, les connaissances sont partagées et réutilisables par la machine. Or, l'hétérogénéité et la diversité des sources d'information sont les principales difficultés rencontrées. Pour assurer la normalisation des données nous optons pour les techniques de fouille de données dont l'état de l'art sera illustré dans la section suivante.

2.4 Fouille de données

De nos jours, avec la diversité des ressources des données et leur aspect hétérogène (texte, multimédia, base des données), le traitement des données devient de plus en plus hors de contrôle. En effet, le développement des capacités de stockage et les vitesses de transmission des réseaux ont conduit à un cumul d'énormes quantités de données, de plus, le traitement ne concerne plus seulement des données simples, mais également des données non structurées telles que les textes, les images et le son. Pour ce fait, les chercheurs ont eu recours à la fouille de données ou le *Data Mining* qui est devenu une nécessité dans les entreprises vu leur besoin de valoriser les données qu'elles accumulent dans leurs bases.

Le *Data Mining* est un ensemble des technologies permettant l'Extraction des Connaissances à partir de Données dite «ECD». L'ECD est défini comme un processus non-trivial d'identification de structures inconnues, valides et potentiellement exploitables dans les bases de données [Fay96]. Ce processus, décrit dans la Figure 2.5, englobe stockage, traitement et sélection des données, transformation et analyse de celles-ci par différentes techniques et enfin, l'interprétation et

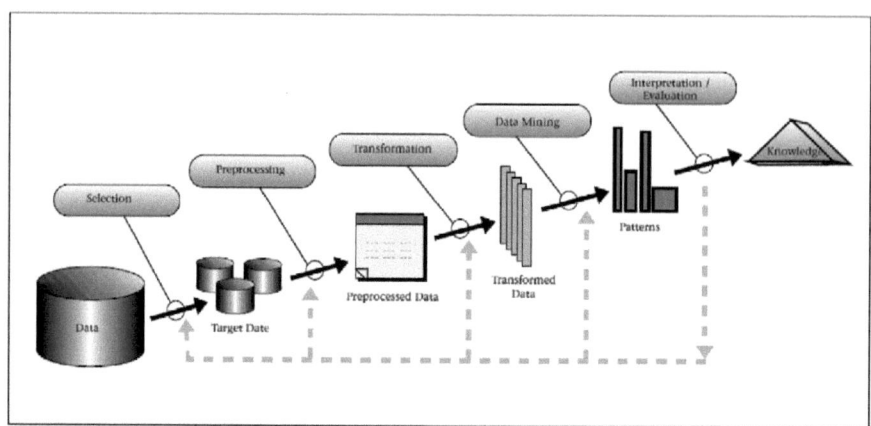

FIGURE 2.5 – Processus d'Extraction des Connaissances à partir des Données[Fay96]

l'évaluation des connaissances acquises.

Traditionnellement, la pratique de l'ECD fait appel aux techniques d'analyse de données et aux statistiques exploratoires [Cha10]. Actuellement, une des principales sources des données est le Web. Cette source est en perpétuelle augmentation qui est due à la croissance du nombre des documents en ligne d'une part, et à l'augmentation du nombre des utilisateurs d'autre part. Dans le cadre de la nécessité de l'exploitation de ces données en ligne, un nouveau concept a eu naissance c'est le fouille du Web.

2.5 Fouille du Web

Selon les derniers chiffres communiqués par l'UIT (Union Internationale des Télécommunications), le nombre des utilisateurs d'Internet dans le monde a atteint 2,749 milliards d'internautes au premier trimestre 2013 soit 38,8 % de la population mondiale [2]. Parallèlement, plus de cinq millions de sites Web sont créés mensuellement. Le nombre total des sites Web a atteint 644,2 millions en 2013 alors qu'il avoisinait 582,7 millions en 2012 selon l'enquête de Netcraft [3]. Face à

---

2. http ://www.archimag.com/vie-numerique/2013/05/06/27-milliards-dinternautes-dans-le-monde [Consulté le 19-04-2014]

3. http ://news.netcraft.com/ [Consulté le 19-04-2014]

cette densité en ligne, il est de plus en plus difficile d'exploiter efficacement ces informations. La nécessité de disposer de méthodes et d'outils avancés permettant d'y remédier a engendré la naissance de nouveaux domaines de recherches tels que la fouille du Web ou *Web mining*.

Le Web mining est l'utilisation des techniques d'exploration de données Web pour l'extraction automatique d'informations pertinentes et de connaissances. Ce nouveau domaine de recherche est définie comme un domaine multidisciplinaire qui combine des techniques de data mining, bases de données, les statistiques , l'apprentissage automatique, etc... Ce domaine s'est développé dans le but d'analyser l'organisation et les performances des sites Web et de personnaliser le contenu proposé aux internautes en tenant compte de leurs préférences et de leurs profils.

La fouille du Web est basée sur un processus (Figure 2.6) comprenant quatre phases :

- collecte de données : la première phase consiste à extraire à partir du Web les données nécessaires.

- Prétraitement : cette étape consiste à nettoyer et transformer les données sur l'usage, le contenu et la structure du contenu à des abstractions de données nécessaires pour la découverte de modèles.

- Découverte des modèles : la découverte des modèles consiste à appliquer des techniques de fouille des données sur le fichier de navigation afin de détecter des informations pertinentes.

- Analyse des modèles : c'est la dernière étape dans ce processus, il s'agit d'exploiter toutes les informations obtenues dans le but d'extraire les connaissances essentielles.

Les pages Web, les bases de données clients et les fichiers logs sont les principales sources de données du Web mining. Ces données sont classifiées en quatre types [Sri00] :

- Données relatives au contenu : données existantes dans les pages Web (textes, graphiques),

- Données relatives à la structure : données décrivant l'organisation du site Web tel que la structure de la page et des sous pages,

- Données relatives à l'usage : données fournies par les fichiers logs du serveur Web fournissant des informations sur l'usage telles que les adresses IP, la date et le temps des requêtes,

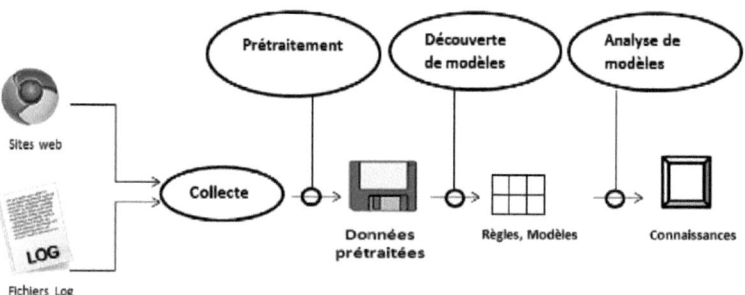

FIGURE 2.6 – Processus du Web Mining

- Données relatives au profil de l'utilisateur : données fournissant des informations sur les préférences des utilisateurs du site Web.

En se basant sur ces types de données, le Web mining distingue trois axes de développement : le Web usage mining, le Web structure mining et le Web content mining.

2.5.1 Web Content Mining

Le Web content mining a pour objectif d'extraire des connaissances à partir du contenu des pages Web [Cha10]. Ce dernier se présente sous différents types : texte, image, audio, vidéo, métadonnées et hyperliens. Le Web content mining décrit le processus d'extraction des informations à partir des différentes sources de données dans le Web. Ces sources peuvent être présentées sous différents formats :

-Données structurées telles que les tables et les bases des données,

-Données semi-structurées telles que les pages HTML,

-Données non structurées telles que les textes.

Vu le dynamisme du Web, la diversité de type des documents et l'énorme quantité de données fournies par le Web, son exploitation comme source d'information est plus complexe que l'utilisation des bases de données statiques.

La Figure 2.7 illustre le processus du Web content Mining :

La première étape est celle du prétraitement des données (nettoyage, structuration...), cette phase varie selon le type des données (textes, images, fichiers

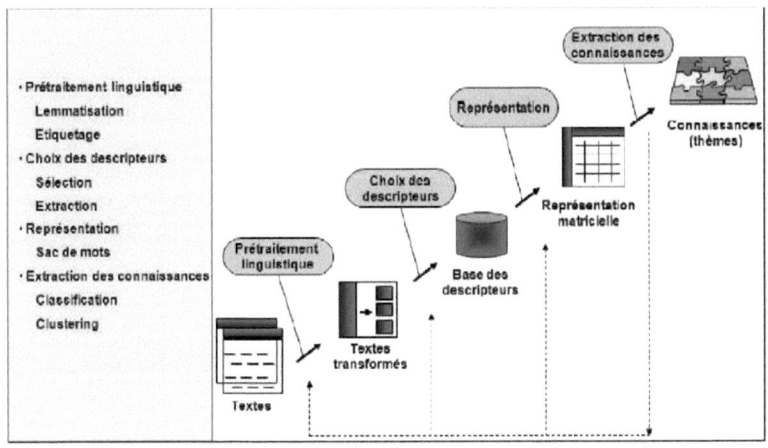

FIGURE 2.7 – Processus du Web Content Mining

logs). La deuxième phase est celle d'application des techniques et des méthodes de Data Mining adéquate pour l'objectif de la phase suivante. La dernière est celle d'analyse et de validation.

2.5.2 Web Usage Mining

La fouille de données d'usage du Web (Web Usage Mining (WUM), en anglais) est définie comme étant l'application du processus d'Extraction des Connaissances à partir de bases de Données (ECD) aux données issues des fichiers Logs afin d'extraire des modèles comportementaux d'accès au Web. Ces modèles ont pour but de répondre aux besoins des visiteurs de manière spécifique et adaptée (personnaliser les services) et faciliter la navigation [Tan05]. Le Web usage mining est également dit Web Log Mining vue qu'il se base essentiellement sur l'analyse des fichiers Log du serveur Web.

L'objectif de cette analyse est d'étudier le comportement de l'utilisateur dans son navigation sur les sites Web afin de pouvoir répondre à ses requêtes d'une façon personnalisé et pertinente. En effet, en analysant l'interaction de l'utilisateur avec les sites, le Web usage mining permet de créer des profils décrivant les intérêts et les préférences de l'internaute.Ceci est appelé analyse *clickstream*, puisqu'elle est centrée sur l'ensemble de clics effectués lors d'une visite au site.

2.5.3 Web Structure Mining

C'est l'extraction des connaissances à partir de la structure des liens entre les pages Web [Din12]. Le Web structure mining utilise la structure hypertexte du Web comme une source d'information. En effet, il consiste à analyser l'architecture des sites Web et des liens entre les différents sites dans le but d'améliorer leur ergonomie et leur arborescence par la suppression ou l'ajout de nouveaux liens entre les pages.

2.6 Conclusion

Le Web sémantique est perçu depuis son apparition comme la technologie du futur, Cela explique d'ailleurs l'intérêt majeur que manifeste le W3C à son égard. Grâce à ce dernier, la recherche sur Web est devenue beaucoup plus pertinente et efficace. Cela est expliqué par le fait qu'il utilise la notion d'ontologie. Pour alimenter cette dernière, les données doivent être normalisées par les techniques de la fouille de données. Vu l'immensité du Web comme source de données, actuellement on parle plutôt de fouille du Web qui comporte trois différents axes. Dans le chapitre suivant, nous illustrons notre méthodes pour la collecte, le prétraitement ainsi que pour la structuration des données concernant l'industrie pharmaceutique mondiale.

Chapitre 3

Collecte, prétraitement et structuration des données

3.1 Introduction

L'extraction des données à partir des sources Web suscite un intérêt particulier ces dernières années [Geo03]. Cependant, l'hétérogénéité de cette source d'information représente une majeure difficulté. Nous optons alors pour les techniques de fouille du Web précédemment décrite dans l'état de l'art afin de surmonter cette difficulté. Dans ce chapitre nous présentons l'objectif du premier Sprint à savoir la collecte, prétraitement et structuration des données. Ensuite, nous décrivons le processus à suivre pour transformer les données collectées en données exploitables par machine. Puis, nous détaillerons les différentes étapes de notre démarche, du collecte jusqu'à la structuration des données.

3.2 Objectif

La mise en œuvre de la plateforme DRUGSTIC nécessite une immense quantité de données concernant les médicaments et leur composition, les laboratoires, les grossistes, les pharmacies... Ces données sont disponibles sur Web via des sources officiels de chaque pays dans des formats hétérogènes. L'objectif de ce Sprint est la mise en œuvre des Scripts permettant de télécharger, nettoyer et structurer les données cibles. A la fin de ce Sprint, les données traitées doivent être sous un format interprétable par machine pour faciliter leur exploitation par le Sprint suivant. Pour ce fait, nous avons eu recours aux techniques de fouille du Web à savoir le Web structure mining et le Web content mining qui sont déjà décrites dans la partie état de l'art. Dans ce qui suit nous présentons le processus permettant la mise en œuvre de ce Sprint.

3.3 Processus de structuration des données collectées

Ce sprint à comme essentiel objectif l'extraction des données Web et leurs structurations dans un format exploitable par machine. Afin de réaliser les scripts nécessaires, nous avons suit le processus du Web content mining illustré par la Figure 3.1.

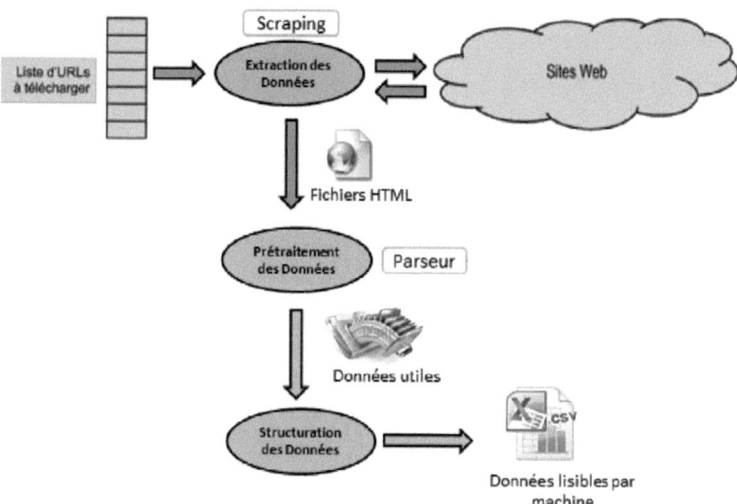

FIGURE 3.1 – Processus de collecte, prétraitement et structuration des données

La première étape consiste à collecter les données à partir du Web. Cette étape nécessite tout d'abord la sélection des sites officiels contenant les données utiles pour la plateforme Drugstic. Afin de développer le script nécessaire à chaque site, on doit analyser son architecture ce qui relève du Web structure mining. Les URLs sélectionnées seront ensuite utilisées pour l'extraction des données nécessaires sous forme de fichiers HTML.

Ces fichiers semi structurés seront traités par l'étape suivante. En effet, la deuxième étape permet de prétraiter les fichiers HTML déjà téléchargés. Le prétraitement des données consiste essentiellement à l'utilisation d'un parseur pour l'extraction des données nécessaires à partir du fichier HTML. Ces données seront ensuite nettoyées pour une meilleure exploitation par l'étape suivante.

La dernière étape de ce sprint consiste à la structuration des données. En effet, les données déjà nettoyées seront structurées selon une forme précise et sous un format interprétable par la machine.

3.4 Collecte des données

Le Web représente aujourd'hui la principale source d'information. Ce gisement contenant une grande quantité de données non-structurées et distribuées a besoin d'être maintenu, filtré et organisé pour permettre un usage efficace [Geo03]. Cette tâche s'avère difficile à réaliser avec la large distribution, l'ouverture et l'extrême dynamisme du Web. Pour ce fait, nous avons utilisé les techniques de fouille du Web pour une meilleure exploitation des données en ligne au profit de la plateforme Drugstic. Pendant cette première phase, notre tâche consiste à aspirer les sites Web contenant les données utiles pour notre plateforme. Nous avons donc, en premier lieu, à sélectionner les URLs des sites contenant les laboratoires, les pharmacies, les grossistes, les médicaments et leurs compositions.

Les sites Web sélectionnés représentent des sources officielles de chaque pays. L'hétérogénéité de ces sites nous oblige à les traiter chacun à part. En effet on doit créer un script spécifique pour chaque site Web vu que chacun contient une structure et une architecture différentes des autres. Avant donc de s'enfoncer dans le développement des scripts, on doit tout d'abord analyser la structure du site cible, c'est le Web structure mining.

FIGURE 3.2 – Site Web de l'ordre des pharmaciens France

3.4.1 Web Structure Mining

Le Web structure mining, est l'un des trois axes de fouille du Web précédemment détaillés dans le chapitre état de l'art. C'est un outil permettant d'identifier la relation entre les pages Web liées par des informations ou par des connections [1]. Le Web structure mining est généralement utilisé pour améliorer l'architecture des sites Web en analysant leurs structures et les liens entre eux.

Dans notre cas, nous avons eu recours à cette technique pour analyser le lien entre les URLs [2] du même site Web. En effet, le processus d'extraction des données à partir des pages Web nécessite tout d'abord leur récupération, ce qui pose des problèmes de navigation dans la structure du site Web. Pour ce fait, le développement d'un script d'extraction de données nécessite une étude préalable du site cible. Cette étude nous informe sur l'architecture interne du site et nous permet de connaitre les URIs [3] précises des pages contenant les informations utiles. Prenons l'exemple du site officiel de l'ordre des pharmaciens de la France [4] illustré par la Figure 3.2.

---

1. http://www.web-datamining.net/structure/ [consulté le 20-05-2014].
2. De l'anglais Uniform Resource Locator.
3. De l'anglais Uniform Resource Identifier, permet d'identifier une ressource sur un réseau.
4. http://www.ordre.pharmacien.fr

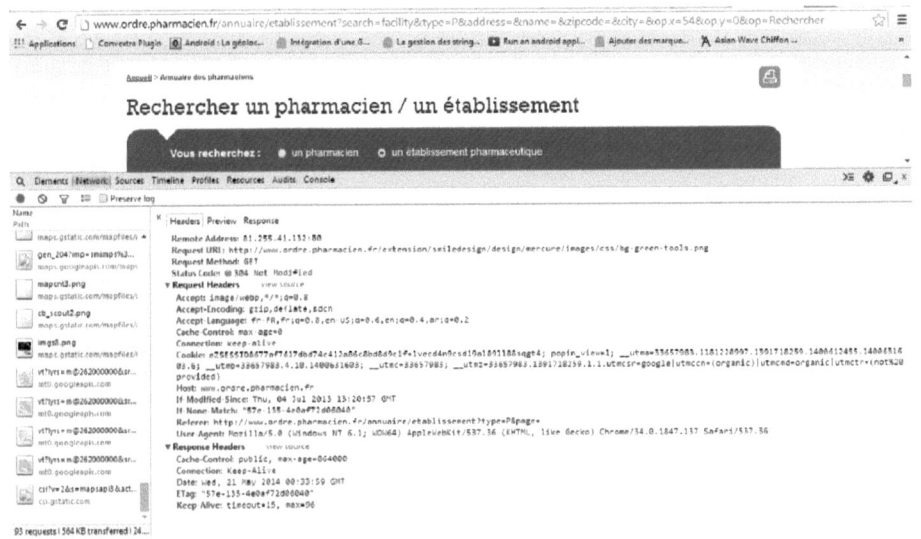

FIGURE 3.3 – Outil inspecter l'élément

Un simple affichage du site par le navigateur nous donne une idée sur les données présentées par ce dernier et sur l'URL affiché par le navigateur. Pour mieux comprendre la structure du site et les liens entre les pages, nous utilisons l'outil «inspecter l'élément» illustré par la Figure 3.3.

Cet outil nous permet par un simple clic droit sur la page Web, de savoir plus d'informations sur le site et son architecture interne. En analysant ce dernier, nous avons pu détecter les URLs des pages contenant les données que nous jugeons utiles. De même nous avons pu déterminer la relation entre ces différents liens ; c'est la structure interne du site. Cette dernière est présentée sous forme d'un graphe illustré par la Figure 3.4

À partir de ce graphe on remarque qu'il existe une URL de base pour tous les établissements disponible sur le site (pharmacie, laboratoire Bio, laboratoire industriel, distributeur en gros, hôpital). L'URL de chaque établissement est différencié par un type http://www.ordre.pharmacien.fr/annuaire/etablissement?type=P qui représente l'URL de base de cet établissement. Ces informations nous seront très utiles pour l'implémentation des scripts extracteurs des données ou le *Web scraping*.

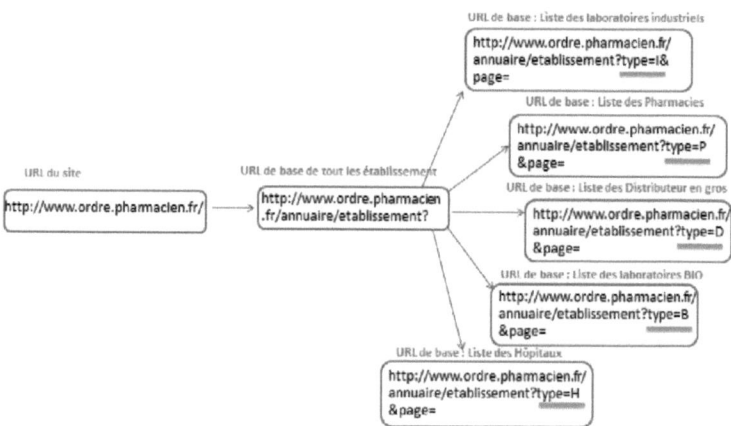

FIGURE 3.4 – Graphe d'URL du site

3.4.2 Web scraping

En première intuition, les données visualisées par les pages Web peuvent être récupérées par un simple copier/coller. En revanche, dans notre cas la quantité d'informations à récupérer est immense. Prenons l'exemple du site des ordres des pharmaciens en France qui contient environ vingt-quatre milles pharmacies et cinquante milles pharmaciens, leur extraction manuelle est donc extrêmement couteuse en termes de temps voire impossible. Nous avons donc eu recours à la technique du Web scraping. En effet, un scraper est un agent automatique permettant d'extraire des fragments particuliers du Web [Vil11]. Le scraper fonctionne sur un site ou un ensemble de sites connus à l'avance. Pour ce fait, après avoir analyser la structure et l'architecture interne du site, il est temps de développer des extracteurs permettant d'en extraire les informations.

Pendant cette phase, nous avons développé des scripts permettant d'aspirer les sites Web déjà analysés. Ces scripts sont implémentés sous forme de classes JAVA qui est un langage «simple, orienté objet, distribué, interprété, robuste, sécurisé, une architecture neutre, portable, multithread, et dynamique» [Gos96]. Afin de surmonter le problème d'hétérogénéité des sites Web, nous avons développé un script sur mesure pour chaque source de données. En effet, chaque script est un programme chargé d'extraire des données précises et qui s'adapte parfaitement au site cible. Ce script se charge aussi de fournir toutes les URIs des pages contenant les données utiles à partir d'une URL de base. Prenons l'exemple du graphe illustré par la Figure 3.4, le lien `http://www.ordre.pharmacien.fr/annuaire/etablissement?type=P&page=?` représente l'URL de base des pharmacies. Le scraper implémenté doit boucler pour fournir les URIs de toutes les pages contenant les données des pharmacies à extraire. Cet exemple est assez simple vu qu'il s'agit juste d'incrémenter le numéro de la page dans l'URI. Dans d'autres sites pour fournir l'URI de la ressource suivante, le script doit saisir des données dans une barre de recherche. On peut citer l'exemple des sites contenant des médicaments classés par code DCI [5]. Dans ce cas le scraper développé doit saisir le code DCI pour avoir les URI des pages contenant les données des médicaments.

Ces URIs sont assez nécessaires pour l'extraction des données. En effet, les scripts implémentés permettent d'envoyer des requêtes aux serveurs du site via l'URI de la ressource demandée. Le serveur répond aux requêtes du scraper en envoyant les fichiers HTML correspondants. Ce processus est basé sur le protocole HTTP [6] qui sera détaillé dans la partie suivante.

3.4.2.1 Protocole HTTP

Ce protocole a été développé dans le but de servir les documents hypertextes sur le Web. Il a été normalisé, dans sa version actuelle, par le W3c [Mur06]. La partie qui nous intéresse est simple et peut être décrite ainsi : un client demande une ressource, le serveur lui répond. La Figure 3.5 montre un exemple de communication directe entre client et serveur via le protocole HTTP.

Dans un premier temps, le client demande au serveur des informations concernant la ressource se trouvant à l'URI `http://www.ordre.pharmacien.fr/annuaire/etablissement?type=P&page=1`. À la réception de la requête, le serveur teste la disponibilité de la ressource demandée et envoie une réponse (dans l'exemple «OK»). Dans notre cas la réponse du serveur est un fichier sous format HTML correspondant à l'URI généré par le script. Cependant, cette méthode d'aspiration des sites Web représente quelques limites.

---

5. DÉNOMINATION COMMUNE INTERNATIONALE c'est le nom de la substance active – la molécule contenue dans le médicament. Cette dénomination est la façon indépendante des marques commerciales de désigner un médicament, pour les médecins et les pharmaciens comme pour les patients.

source : http ://www.mutualite.fr/L-actualite/Dossiers/Votre-sante/Le-bon-usage-du-medicament /La-DCI-le-vrai-nom-du-medicament [consulté le 23-05-2014].

6. Http est l'acronyme de HyperText Transfer Protocol

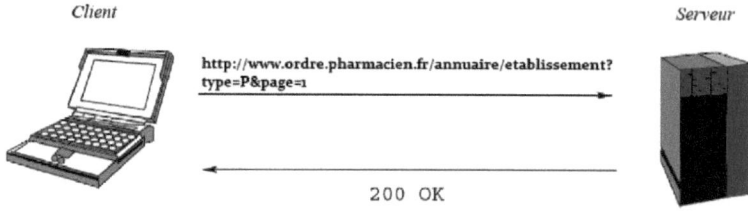

FIGURE 3.5 – Protocole HTTP

3.4.2.2 Limites

Le développement d'un script spécifique à un site donné n'aboutit pas toujours à une extraction des données avec succès. En effet, certains sites sécurisent l'accès à leurs serveurs ce qui rend la disposition de l'URI de la ressource souhaité insuffisante. On doit souvent disposé d'un login et un mot de passe d'un médecin ou d'un pharmacien pour avoir la réponse du serveur distant. De même, certain sites sécurise l'accès au serveur par le biais d'un *cookie*[7] chiffré.

3.4.2.3 Aspect juridique

Après avoir expliqué la technique du Web scraping qui permet la récupération de données à partir du Web, nous pouvons nous poser la question sur la légalité de cette technique. Il faut bien comprendre que l'objectif d'un scraper n'est pas de voler des données. Le but est d'automatiser la récupération des données d'un site. Les données en question sont déjà accessibles par un internaute qui navigue sur la page Web et peuvent êtres extraites par un simple copier/coller. Les scripts que nous venons d'implémenter servent essentiellement à l'accélération de la tâche. La masse d'information récupérée n'est donc pas illégale. Elle est même mise à disposition par le site. De même, en terme de bande passante, le trafic effectué par un scraper est considéré égale à celui effectué par un internaute ordinaire naviguant dans le site.

Les données collectées durant cette phase sont sous forme de fichiers HTML. Dans la phase suivante on se chargera de traiter ces fichiers pour en extraire les données et les nettoyer.

---

7. C'est une suite d'informations envoyée par un serveur HTTP à un client HTTP, que ce dernier doit retourner lors de chaque interrogation du même serveur HTTP.

3.5 Prétraitement des données

Le prétraitement des données a comme principal objectif l'amélioration de la qualité des données collectées. En effet, après avoir récupéré ces derniers à partir du Web, il est temps d'appliquer les techniques du fouille de données afin d'extraire et de nettoyer les informations nécessaires. Les données collectées durant la phase précédente sont sous forme de fichiers HTML.

HTML est un langage à balises ne portant pas d'information sur les données contenues dans la page, mais seulement sur leur mise en forme [Geo03]. Nous sommes alors face à un corpus semi-structuré [Eik99]. De plus, pour chaque URI généré par le scraper de la phase précédente un fichier HTML sera téléchargé. On dispose donc d'une immense quantité de fichiers semi-structurés récupérés via le Web. Pour ce fait, nous nous chargeons durant cette phase de développer des Scripts permettant d'extraire les données à partir des fichiers HTML et de les nettoyés pour une meilleure exploitation par la phase suivante.

3.5.1 Extraction des données à partir des fichiers HTML

Les fichiers HTML déjà récupérés contiennent les données concernant toute la page Web de l'URI correspondante. Pour en extraire les données utiles pour la plateforme Drugstic, nous optons pour l'utilisation d'un parseur HTML.

Un parseur est un outil permettant l'analyse syntaxique d'un document. L'analyse des fichiers HTML via un parseur est basée sur les balises de ce dernier. En effet, un parseur HTML permet d'extraire les données d'une balise ou d'un ensemble de balises données. Pour ce fait, avant de développer les scripts nécessaires nous devons tout d'abord analyser le fichier HTML. Et ce dans le but de savoir au niveau de quelle balise existe les données que nous jugeons utiles. La Figure 3.6 illustre un exemple de fichier HTML récupéré durant la phase de collecte des données. Ce dernier est extrait à partir du site des ordres des pharmaciens et contient des données concernant les pharmacies. Afin d'en extraire les données pertinentes, nous avons eu recours à JSOUP[8]. Cette dernière est une bibliothèque en langage

---

8. http://jsoup.org/

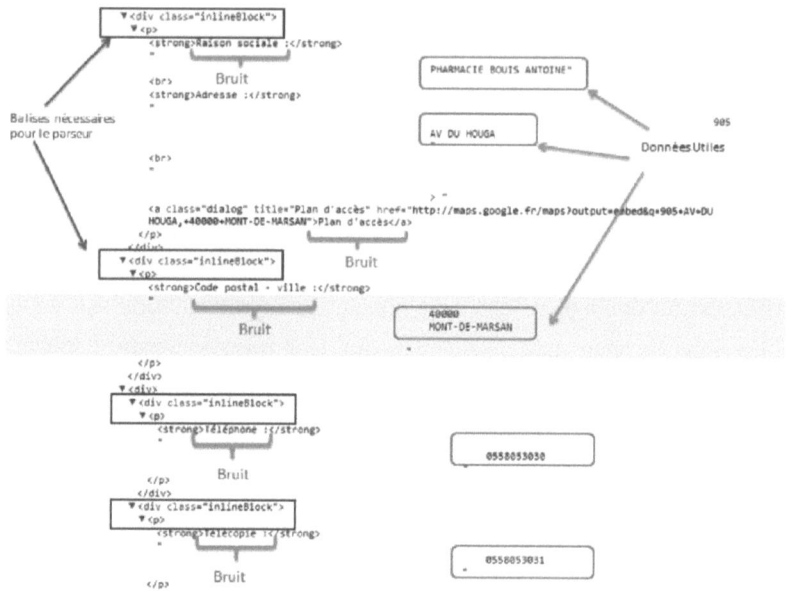

FIGURE 3.6 – Extrait fichier HTML récupéré

Java fournissant une API [9] très pratique pour l'extraction et la manipulation des données des fichiers HTML. Les données extraites sont sous forme de texte. Vu que le parseur fait l'extraction du texte entier d'une balise donnée, ce dernier contient nécessairement du bruit. Le script développé doit donc se charger de les nettoyer.

3.5.2 Nettoyage des données

Le nettoyage des données concerne le texte extrait à partir des fichiers HTML. En effet, les balises contenant les données nécessaires pour la mise en œuvre de la plateforme Drugstic contiennent aussi des informations inutiles. Pour ce fait, les scripts implémentés doivent se charger de l'élimination de ce bruit. Vu l'hétérogénéité des données d'un site à un autre et même au sein d'un seul site Web, Cette tâche est considérée comme étant la plus difficile de ce sprint. En effet,

---

9. De l'anglais Application Programmable Interface

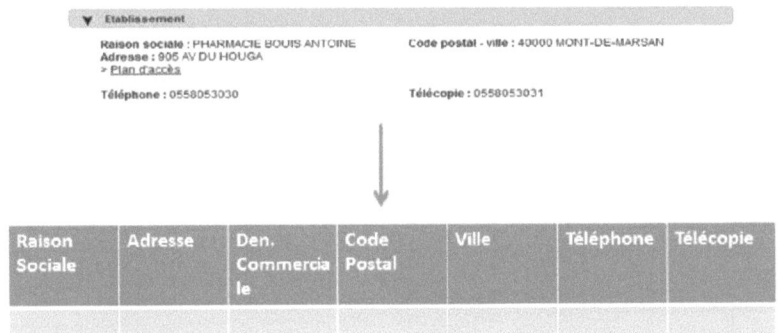

FIGURE 3.7 – Modèle de Structuration des données

les données textes sont considérées comme étant non structurées ce qui explique la rigidité de leur traitement. Chaque script développé doit donc être assez robuste afin de pouvoir filtrer les données nécessaires d'une façon pertinente.

Les données filtrées seront traités par la phase suivante. Cette dernière se chargera de les structurer sous un format interprétable par machine.

3.6 Structuration des données

Une fois prétraitées par l'étape précédente, les données sont maintenant prêtes à être structurées. La structuration des données représente la dernière phase de ce Sprint. Cette phase consiste tout d'abord à choisir le modèle suivant lequel les données seront structurées. Ce modèle dépend essentiellement des données traitées et de la forme nécessaire pour leur intégration (l'intégration des données sera détaillée dans le chapitre suivant). La Figure 3.7 représente le modèle de structuration des données du fichier HTML présentées par la Figure 3.6.

L'automatisation de cette phase consiste à développer les scripts permettant de structurer les données selon le modèle choisi et sous un format exploitable par machine. Dans notre cas, les scripts implémentés permettent de sauvegarder les données sous format CSV [10]. Ce dernier est un format interprétable par le langage Java et représentant les données sous la forme d'un tabulaire. En effet, chaque ligne représente une séquence de données séparées généralement par des virgules

---
10. De l'anglais Comma separated value

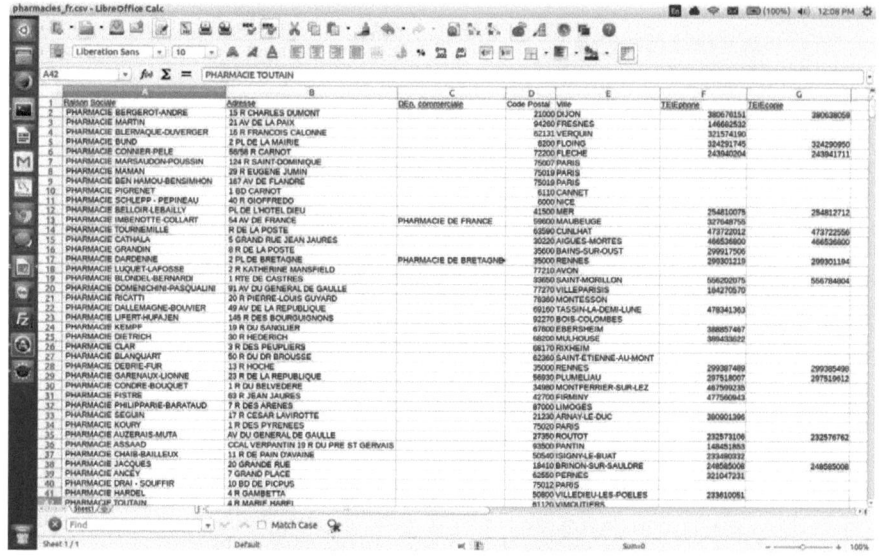

FIGURE 3.8 – Extrait du fichier CSV

et ayant un caractère indiquant la fin de la ligne. Ces caractéristiques expliquent la facilité de l'interprétation de ce format par machine. La Figure 3.8 illustre un extrait du fichier CSV généré à partir du fichier HTML illustré par la Figure 3.6 et selon le modèle illustré par la Figure 3.7.

Les fichiers CSV bien structurés représentent le livrable de ce Sprint. Ces derniers seront ensuite validés par une pharmacienne qui fait partie de l'équipe Drugstic en tant qu'experte du domaine pharmaceutique. La validation concerne essentiellement les fichiers CSV contenant les médicaments et leurs classes DCI. Après validation, ces données sont donc prêtes à une intégration sémantique qui fera l'objet du chapitre suivant.

3.7 Conclusion

Ce chapitre représente les différentes phases du premier Sprint. Ce dernier, se charge essentiellement de la collecte de la gigantesque quantité de données nécessaire pour la mise en œuvre de la plateforme Drugstic. Du moment que le Web est notre principale source de données, nous avons eu recours à une panoplie de techniques de fouille du Web à savoir le Web content mining, le Web structure mining et le Web scraping. Les données collectées sous forme de fichiers HTML sont ensuite extraites par le biais du parseur *jsoup* et nettoyées pour être enfin sauvegardées sous forme de fichiers CSV. Ces fichiers sont validés par un expert de l'industrie pharmaceutique pour une meilleure intégration par le deuxième Sprint. Dans le chapitre qui suit, nous illustrons notre modèle pour l'intégration des données traitées.

Chapitre 4

Intégration sémantique des données à base d'ontologie

4.1 Introduction

Actuellement, la notion d'ontologie est utilisée comme l'un des moyens les plus efficaces pour la représentation formelle de la sémantique. Dans notre cas cette notion est utilisée pour l'intégration et la normalisation des données collectées au cours du sprint présenté par le chapitre précédent. Dans ce chapitre, nous représentons en premier lieu l'objectif de ce sprint qui assure essentiellement la construction d'une ontologie par une intégration sémantique des données. Ensuite, nous illustrons le processus adopté afin d'atteindre cet objectif. Puis nous détaillons les différentes phases de la spécification des besoins jusqu'à la phase de l'implémentation.

4.2 Objectif

A ce niveau, on dispose déjà des données nécessaires pour la mise en œuvre de la plateforme Drugstic. Ces données sont nettoyées et structurées sous forme de fichiers CSV au cours du sprint précédent. Le sprint présenté par ce chapitre, a comme principal objectif l'implémentation des scripts permettant l'intégration des données à partir des fichiers CSV vers une base de données. Cette dernière sera exploitée par un moteur de recherche sémantique. L'intégration doit donc être structurée sémantiquement et basée sur la notion d'ontologie décrite dans le chapitre état de l'art. Dans ce qui suit on présente le processus adopté pour la construction de l'ontologie.

4.3 Processus de construction de l'ontologie

L'intégration sémantique des données au profit du Web sémantique est basée essentiellement sur la notion d'ontologie. En effet, une ontologie permet de définir de façon *formelle, explicite, référençable* et *consensuelle* l'ensemble des concepts partagés d'un domaine [GRU 93]. De même, on parle actuellement des Bases de Données à Base Ontologique (BDBO). Les BDBOs nécessitent une modélisation préalable pour une meilleure intégration des données. Pour ce fait, nous avons adopté le processus illustré par la Figure 4.1. La première étape consiste à spécifier les besoins relatifs à notre sujet pour pouvoir conceptualiser le modèle adéquat. En se basant sur la spécification de la première étape, la deuxième étape consiste à modéliser notre BDBO. La dernière étape permet l'implémentation de l'ontologie, et ce en développant les scripts permettant l'intégration des données à partir des fichiers *CSV* vers la base des données.

FIGURE 4.1 – Processus de construction de l'ontologie

4.4 Spécification des besoins

La mise en œuvre de la plateforme Drugstic nécessite une très grande quantité de données dont la collecte a été décrite au cours du sprint précédent. Les données collectées sont sous forme de fichiers *CSV*. Chaque fichier contient les données d'un site Web différent. Ces données concernent les hôpitaux, les laboratoires, les grossistes, les pharmacies, les pharmaciens, les vétérinaires, les médicaments et les médecins de différents pays dans le monde. L'hétérogénéité des données engendre une hétérogénéité au sein des fichiers *CSV* sauvegardés. En effet, les données existantes en ligne concernant une pharmacie diffère d'un pays à un autre, de même pour les médicaments, les pharmaciens, les médecins...etc. Cependant, toutes ces données hétérogènes seront interrogées par un moteur de recherche qui doit répondre efficacement aux requêtes. Pour que ceci soit possible, les données doivent :

– être intégrées dans une même base de données,
– être liées sémantiquement.

En plus de l'hétérogénéité des données, l'ontologie de la plateforme Drugtic doit être capable de supporter tout ajout de données, peu importe leur nature. La modélisation conceptuelle de la BDBO doit donc répondre à l'ensemble de ces besoins.

4.5 Modélisation conceptuelle de la BDBO

Les ontologies sont actuellement utilisées dans un nombre croissant d'applications et de divers domaines vu qu'elles assurent l'interprétation des ressources aussi bien par l'être humain que par la machine. En effet, une ontologie assure une représentation formelle d'une grande quantité de données toute en permettant leur liaison sémantique. Ce qui rend des ontologies des concepts de base du Web sémantique. Avec la multiplication des ontologies de domaine et le volume important des données à manipuler, est apparu le besoin des systèmes susceptibles de gérer des ensembles de données à base ontologique de grande taille [Mba12]. C'est ce qu'on appelle les bases de données à base ontologique (BDBO). Ces dernières nécessitent une conceptualisation préalable de son modèle. Un modèle conceptuel d'un univers donné est spécifié par des questions précises auxquelles on souhaite que le système d'information puisse répondre [Deh07]. Pour ce fait, notre conceptualisation se base essentiellement sur les besoins précédemment spécifiés.

En effet, afin de surmonter le problème de divergence des données, le modèle conceptuel de notre BDBO doit répondre au besoin de généricité. En plus d'être générique et pour permettre d'ajouter tout type de données à la plateforme, le modèle conceptuel doit être assez flexible, sans oublier l'ultime besoin de liaisons sémantiques entre les données. Ces trois principales caractéristiques, à savoir la généricité, la flexibilité et la sémantique, assurent la normalisation de l'immense quantité de données collectées à partir de diverse sources en ligne. Ainsi, la conceptualisation doit prendre en compte ces critères.

Pour ce fait, nous avons conceptualisé le modèle EDM [1] Drugstic qui répond parfaitement aux exigences de l'application déjà décrites. Ce modèle est un jeu de concepts décrivant la structure des données, indépendamment de la forme sous laquelle elles sont stockées. Grâce à ce modèle nous avons abordé toute difficulté de stockage de données sous différentes formes. En effet, notre modèle conceptuel illustré par la Figure 4.2 représente des structures de données abstraites. Ce qui explique la flexibilité et la généricité de ce modèle.

Les tables *entity, entity_type, entity_data et entity_data_type* se chargent de sauvegarder les données et leurs types. Dans notre cas une entité peut être une pharmacie, un médicament, un laboratoire...etc. Chaque entité possède un type bien défini dit *entity_type*. De même, chaque *entity_type* possède un ensemble de données dites *entity_data*, chaque donnée à son tour possède un type bien défini dit *entity_data_type*.

Prenons l'exemple de la pharmacie «Bouis Antoine» dont l'extrait de son fichier HTML est illustré par la Figure 3.6 du chapitre précédent. Cette pharmacie est une entité identifiée par «FRANCE/PHARMACIE/Bouis Antoine» sauvegardé dans la table *entity*. Elle est de type «PHARMACIE» qui est sauvegardé dans la table *entity_type*. Elle possède les données «Bouis Antoine, 905 AV DU HOUGA, 40000, MONT-DE-MARSAN, 0558053030, 0558053031». Ces données sont sauvegardées dans la table *entity_data* et leurs types qui sont respectivement «raison sociale, adresse, code postal, ville, téléphone et télécopie».

Il s'agit donc d'un modèle très générique et très flexible qui s'adapte parfaitement avec les besoins de la plateforme Drugstic. En effet, une base de données se basant sur ce modèle, peut supporter n'importe quel type de données et quels que soient ses attributs. Il est donc possible avec ce modèle EDM d'effectuer des

---

1. Entity Data Model

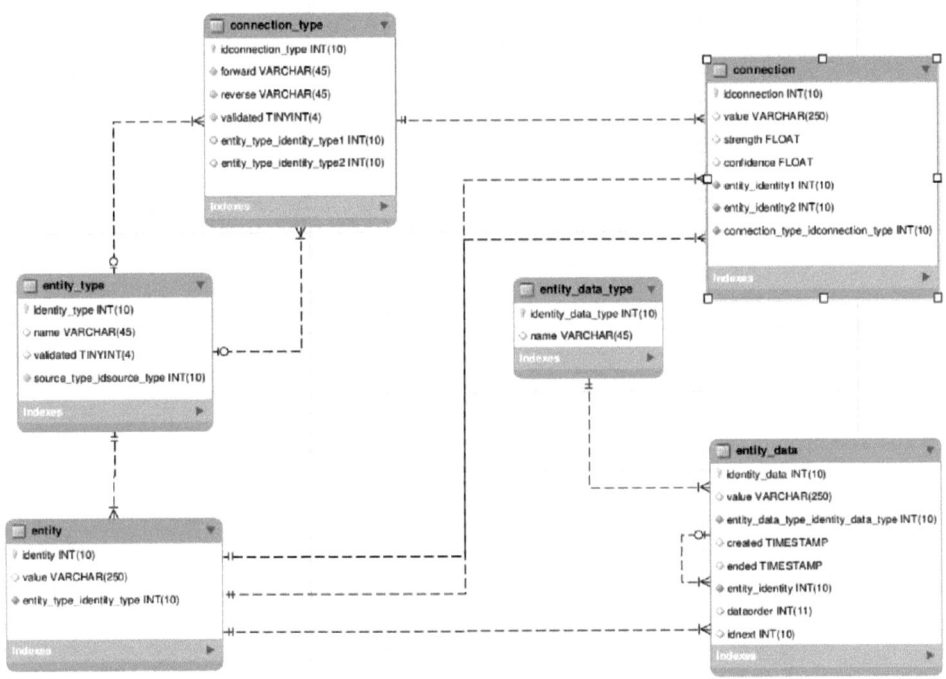

FIGURE 4.2 – Modèle EDM pour la conceptualisation des données

modifications ou d'ajouter des nouvelles entités, d'où la satisfaction des besoin de flexibilité et de généricité.

Sauf que ce sprint ne se charge pas seulement d'une intégration simple des données mais plutôt d'une intégration sémantique. En effet, une ontologie est non seulement le repérage et la classification des concepts mais c'est aussi des propriétés et des relations sémantiques entre les concepts. Ces relations unissent les concepts ensemble pour construire des représentations conceptuelles complexes qui vont être autant de connaissances nécessaires au moteur sémantique. Les relations sémantiques sont assurées par des liens ayant un sens réel bien défini entre les données.

Dans notre cas, et vue que les entités ne sont pas homogènes, deux tables *connexion* et *connexion_type* se chargent d'effectuer le lien sémantique entre les différentes entités de notre base. La table *connexion_ type* permet de définir le type de liaison en connectant les différents types d'entités et la table *Connexion* permet de lier les différentes entités. En effet, chaque entité «x» de type PHARMACIEN doit être liée à une entité «y» de type PHARMACIE. Le lien «z» entre les entités «x» et «y» est sauvegardé dans la table *connexion*. Pour définir la sémantique du lien «z», on lui attribue un type «HAS_PHARMACIST» que l'on sauvegarde dans la table *connexion_type*. Le type «HAS_PHARMACIST» permet de lier sémantiquement les deux types d'entités PHARMACIE et PHARMACIEN.

Ces deux tables génériques sont extrêmement importantes dans la construction de notre ontologie, du moment que c'est grâce à eux que l'intégration sémantique entre les différentes entités est assurée. En effet, la mise en œuvre de la plateforme Drugstic nécessite la liaison sémantique entre les données collectées lors du sprint précédent pour une meilleure exploitation par le sprint suivant. Après avoir choisir le modèle conceptuel adéquat pour notre BDBO, l'étape suivante consiste à implémenter l'ontologie en se basant sur ce modèle.

4.6 Implémentation

La quantité de données collectées pour la plateforme Drugstic est immense, ce qui rend son intégration manuelle très difficile voire impossible. Il est donc nécessaire d'automatiser cette tâche. En effet, cette phase permet essentiellement de créer les scripts permettant l'intégration sémantique des données dans notre BDBO. Les données sont sauvegardées sous forme de fichiers *CSV*.

Chaque fichier suit un modèle différent. Pour ce fait, nous avons développé un script java spécifique à chaque fichier *CSV*. Ce script permet d'extraire les données à partir du fichier, de faire la restructuration des données selon le modèle EDM et enfin d'intégrer les données dans notre BDBO. L'hétérogénéité des fichiers nous oblige à analyser chaque fichier avant de s'enfoncer dans le développement du script. En effet, pour chaque fichier il faut tout d'abord identifier les *entity* et les *entity_data* et spécifier leurs types. L'exemple du fichier *CSV* illustré par la Figure 3.8 du chapitre précédent représente une seule entité dont le type est «PHARMACIE». Le script implémenté pour ce fichier permet d'intégrer les données de toutes les pharmacies et de les lier à travers leurs codes postaux aux entités de type «VILLE» via le lien sémantique «HAS_POSTCODE». Les villes à leurs tours sont liées aux entités de type «DISTRICT» par le biais de la connection sémantique «HAS_TOWN». De même, lors du développement des scripts permettant d'intégrer les données des pharmaciens, on les connecte aux pharmacies ou aux hôpitaux où ils travaillent par la connexion «HAS_PHARMACIST».

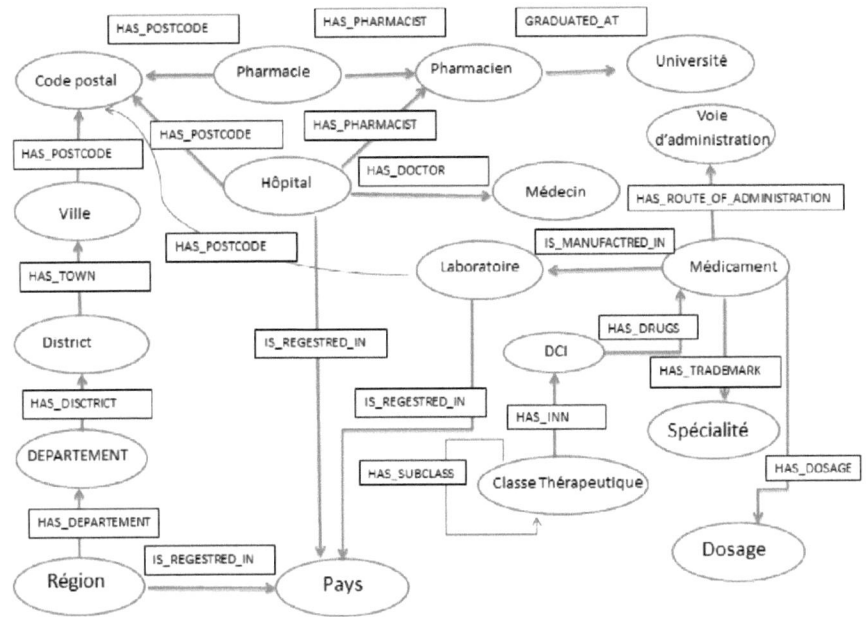

FIGURE 4.3 – Représentation de l'ontologie de la plateforme Drugstic

Les médicaments et leurs données sont aussi intégrés selon le modèle EDM et sont connectés à leurs laboratoires et ainsi de suite pour toutes les données collectées. La liaison sémantique des différentes entités de la plateforme Drugstic est illustrée par la figure 4.3.

Cette intégration sémantique des données de la plateforme Drugstic selon notre modèle conceptuel de la BDBO assure la construction de notre ontologie qui représente la base du Web sémantique en générale, et la base de notre moteur de recherche sémantique en particulier. Le moteur de recherche sémantique sera l'objet du chapitre suivant.

4.7 Conclusion

Ce chapitre représente un sprint très important pour la mise en œuvre de la plateforme Drugstic. En effet, il décrit les différentes phases de la construction de l'ontologie. Une construction qui peut se résumer par une intégration sémantique des données selon le modèle EDM Drugstic. La conceptualisation de ce modèle a été guidé par les différents besoins de notre plateforme à savoir la flexibilité, la généricité et la liaison sémantique entre les données collectées. L'implémentation de ce modèle, effectuée par des scripts spécifiques pour chaque fichier, vient de confirmer son efficacité et son adaptation aux exigences de la plateforme. La BDBO résultante sera exploitée par le moteur de recherche sémantique de la plateforme Drugstic qui sera illustré dans la chapitre suivant.

Chapitre 5

Moteur de recherche Drugstic

5.1 Introduction

Les systèmes de recherche d'information, servent d'interface entre une source contenant des quantités considérables de documents et des utilisateurs cherchant, via des requêtes, des informations susceptibles de se trouver dans cette collection [Baz05]. Actuellement, on parle des données liées sémantiquement formant les ontologies. Ces ontologies ont contribué à l'apparition des moteurs de recherche sémantiques. En effet, elles représentent une base à ces moteurs permettant l'interprétation des requêtes par machine. Dans notre cas, nous disposons de la BDBO Drugstic, la base de recherche sémantique de la plateforme Drugstic. Dans ce chapitre nous spécifiant les différents besoins nécessaires pour la mise en œuvre du moteur de recherche. Ensuite, nous présentons l'architecture système et la solution proposée. Par la suite nous expliquons le principe du patron de conception *Fabrique* adopté pour la conception et le développement de la couche métier du moteur Drugstic. Nous finalisons ce chapitre par la présentation de quelques interfaces de la plateforme.

5.2 Objectif

Le principal objectif de ce Sprint est de développer les différentes couches du moteur de recherche sémantique de la plateforme Drugstic qui permet de répondre pertinemment aux requêtes des utilisateurs. L'efficacité de la réponse se base essentiellement sur la BDBO construite au cours du Sprint précédent. En effet, cette BDBO contient les données de l'industrie pharmaceutique nécessaires ainsi que le lien sémantique entre eux.

5.3 Spécification des besoins

La mise en œuvre de la plateforme Drugstic vise à satisfaire tout utilisateur de la plateforme et à répondre efficacement à ses requêtes. Pour ce fait, nous avons eu recours à un concept très évolué tel que la recherche sémantique pour la mise en œuvre de cette solution. La base de cette recherche est une ontologie qui est déjà implémentée lors du Sprint précédent. Les besoins aux quels le moteur de recherche Drugstic doit répondre sont illustrés par la Figure 5.1. Cette figure représente le diagramme de cas d'utilisation de notre moteur de recherche sémantique qui fait partie des fonctionnalités publiques de la plateforme (Figure 1.1). L'acteur qui interagit avec notre système peut être n'importe quel internaute. Cependant, la plateforme Drugstic englobe des données de l'industrie pharmaceutique, les acteurs en quête de ces informations sont donc en général des médecins, des pharmaciens, des vétérinaires, des dentistes, des grossistes répartiteurs de médicament...etc.

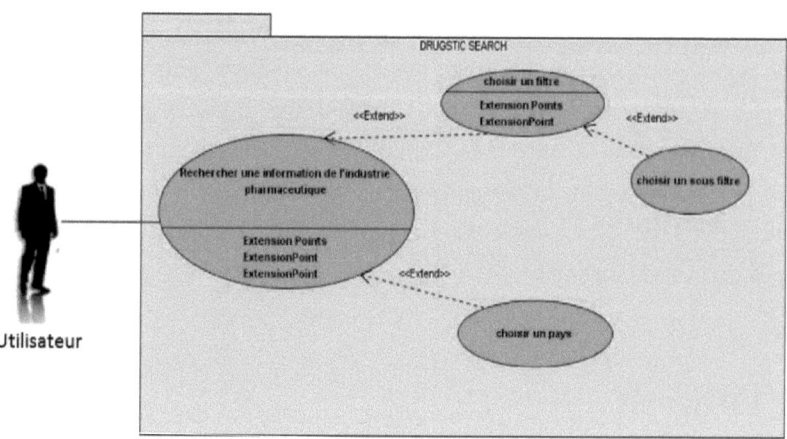

FIGURE 5.1 – Cas d'utilisation recherche d'une information de l'industrie pharmaceutique

Ces utilisateurs accèdent au moteur de recherche Drugstic pour rechercher une information de l'industrie pharmaceutique. Ils peuvent également effectuer une recherche avancée en choisissant un pays et/ou un filtre bien déterminé. Les filtres offerts par notre plateforme permettent d'effectuer des recherches par : laboratoire, pharmacie, grossiste, hôpital, pharmacien, médecin, dentiste, vétérinaire, médicament à usage humain, médicament vétérinaire, classe thérapeutique, code DCI...De même pour certains filtres, l'utilisateur peut effectuer une recherche plus avancée en choisissant un sous filtre. Prenons l'exemple du filtre classe thérapeutique, ses sous filtres sont : dosage, voie d'administration, forme et spécialité. Ces filtres permettent à l'utilisateur d'avoir une réponse précise à sa requête. En effet pour pouvoir répondre efficacement et selon les filtres choisis par l'utilisateur, le moteur de recherche Drugstic effectue des déductions à partir de la BDBO selon des règles bien déterminées. Le détail de traitement des requêtes utilisateur par notre moteur de recherche sémantique fera l'objet de la section suivante.

5.4 Architecture et solution proposée

Depuis la croissance exponentielle des données en ligne, la disposition des outils facilitant la recherche sur Web est devenue indispensable. Dans notre cas pour répondre aux besoins précédemment spécifiés nous devons implémenter un moteur de recherche sémantique permettant d'interagir avec notre ontologie. Avant d'expliquer le fonctionnement de notre solution, nous présentons tout d'abord le fonctionnement et l'architecture des moteurs de recherche non sémantiques.

5.4.1 Fonctionnement des moteurs de recherche

Traditionnellement, le fonctionnement des moteurs de recherche se base sur le système d'indexation des données. Ce système permet d'analyser les données collectées par les robots et de les stocker dans une base de données. La Figure 5.2 illustre le fonctionnement de ces moteurs non sémantiques. Ces derniers répondent aux requêtes client par un simple tri des données figurant dans la base de données. Le tri des données se fait en se basant sur les mots clés saisis par l'utilisateur.

Pour ce fait le programme de recherche se base généralement sur une architecture en couche de trois niveaux d'abstractions illustré par la Figure 5.3. Cette

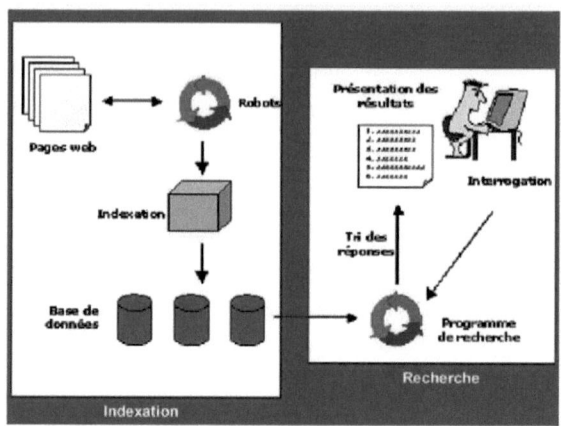

FIGURE 5.2 – Fonctionnement des moteurs de recherche non sémantiques

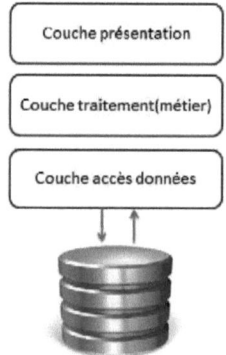

FIGURE 5.3 – Architecture en couche des applications Web

figure représente l'architecture de la plupart des applications Web. Cette architecture englobe trois couches Accès aux données, Traitement et Présentation. La première couche concerne l'interrogation de la base des données de l'application. La seconde, quant à elle, traite les requêtes du client en effectuant les différents calculs et en retournant les résultats à la troisième couche qui gère alors leur affichage.

Avec le fonctionnement traditionnel des moteurs de recherche et suivant cette architecture, les réponses aux requêtes clients ne sont pas pertinentes. En effet, avec ce fonctionnement le moteur de recherche ne fait aucun traitement de la sémantique de la requête client. Dans notre cas, le moteur de recherche Drugstic doit répondre efficacement aux requêtes des utilisateurs. La recherche des informations sur l'industrie pharmaceutique doit traiter le côté sémantique de la requête. Dans ce qui suit, nous présentons le fonctionnement et l'architecture adoptés afin de satisfaire les besoins spécifiés.

5.4.2 Fonctionnement du moteur de recherche Drugstic

Dans la mise en œuvre de la plateforme Drugstic, notre entreprise d'accueil qui compte toujours sur des puissants programmes open source, a opté pour la plateforme Java Enterprise Edition ou JAVA EE comme plateforme de développement. Dans ce qui suit nous présentons l'architecture de cette plateforme.

5.4.2.1 Architecture JAVA EE

JAVA EE est une spécification pour la technique Java de Oracle permettant un développement multi-niveaux. Dans ce but, toute implémentation de cette spécification contient un ensemble d'extensions au Framework Java standard (Java Standard Edition) permettant de faciliter le développement de chaque couche. La Figure 5.4 illustre l'architecture de la plateforme JAVA EE. Cette architecture est fondée sur un modèle de plusieurs étages appelés *tier* en anglais [1].

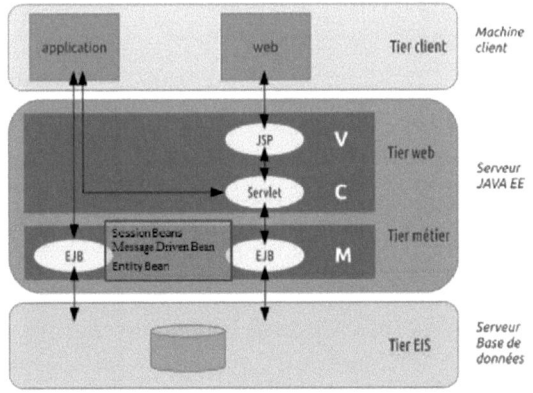

FIGURE 5.4 – Architecture JAVA EE

---

1. http ://www.info.univ-angers.fr/pub/richer/j2ee_cm2.php [consulté le 1-06-2014]

- *tier* client qui peut être un client Web ou client d'application dans notre cas il s'agit d'un client Web
- *tier* serveur J2EE,
- *tier* EIS (Enterprise Information Systems) concerne le système d'information de l'entreprise ou la base de données.

Le tier serveur J2EE, est composé de :

- *tier* Web qui se charge de l'affichage des données, le tier Web ne fait pas partie de notre projet.
- *tier* métier qui se charge du traitement des données en utilisant les Entreprise Java Beans (EJB).

Les EJBs sont des spécifications qui définissent une architecture, un environnement d'exécution et un ensemble d'API. Le respect de ces spécifications permet d'utiliser les EJBs de façon indépendante du serveur d'applications J2EE dans lequel ils s'exécutent, du moment où le code de mise en œuvre des EJBs n'utilise pas d'extensions proposées par un serveur d'applications particulier. Parmi les EJBs on distingue :

- les *Session Bean* qui implantent un dialogue client-serveur pour accomplir une tâche métier spécifique au projet.
- les *Message Driven Bean* qui agissent comme des listeners.
- les *Entity Bean* qui sont des objets avec un aspect persistant permettant l'accès aux données.

De même, le *tier* serveur J2EE suit une architecture MVC (Modèle, Vue, Contrôleur). Le MVC est un pattern architectural qui sépare les données (le modèle), l'interface homme/machine (la vue) et la logique de contrôle (le contrôleur). A l'exécution d'une requête, le contrôleur appelé pourra interagir avec le Modèle, il envoie ensuite les données à la vue correspondante qui n'aura plus qu'à structurer la page à afficher. Dans une plateforme J2EE, la Vue est présenté par des pages HTML ou JSF. Le contrôleur est présenté par les servlets qui sont des classes Java invoquées à travers une URL permettant d'accéder aux paramètres des formulaires et à la session. Le traitement métier implémenté par les *sessions Beans* (EJB) représente le modèle.

Afin d'intégrer la technologie du Web sémantique, nous avons opté pour une réingénierie de cette architecture. Les détails de l'architecture proposé seront présentés dans la section suivante.

5.4.2.2 Architecture proposée pour la plateforme Drugstic

Afin d'adapter l'architecture JAVA EE aux besoins de notre plateforme, nous proposons d'ajouter une couche Web sémantique contenant les règles de recherche du moteur Drugstic ainsi que la description des données. La Figure 5.5 reprend schématiquement cette architecture.

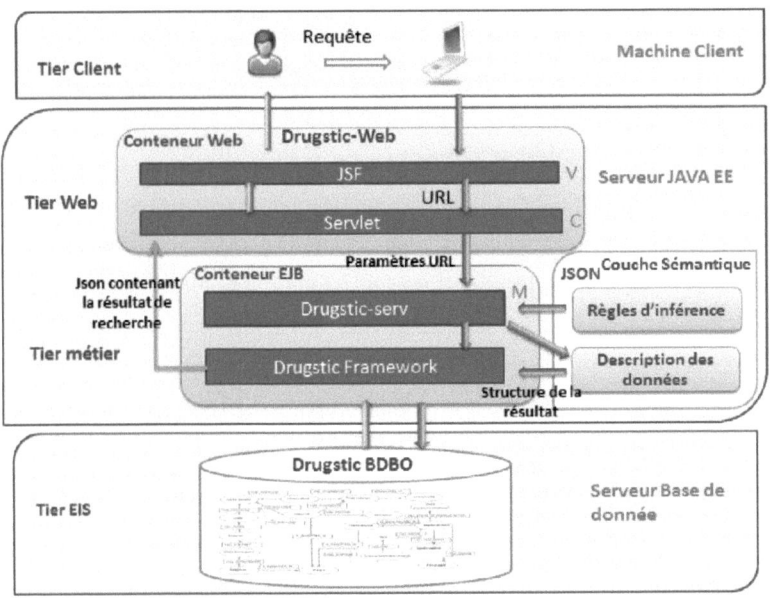

FIGURE 5.5 – Architecture proposée pour le moteur de recherche Drugstic

Le Web sémantique n'est pas un substitut du Web actuel, mais un complément qui vise à structurer l'information et lui donner un sens en vue de favoriser la coopération Personnes-machines [Ber01]. Ce qui explique l'ajout d'une seule couche à une architecture du Web traditionnel pour se trouver dans un nouveau concept à savoir le Web sémantique ou autrement dit le Web intelligent. Ce concept qui se base sur la notion d'ontologie, doit disposer d'un ensemble de règles pour pouvoir tirer des déductions à partir de la grande masse de données fortement liées sémantiquement. Ces déductions sont extrêmement importantes dans le traitement sémantique des requêtes. En se référant aux besoins du moteur de recherche Drugstic précédemment spécifiés, l'utilisateur doit avoir la possibilité de choisir les critères de recherche. Les critères de recherche sont effectués via des filtres et des sous filtres. On peut par exemple filtrer la recherche par pays puis affiner par un autre sous filtre. La recherche peut donc concerner plusieurs critères et la présence des règles d'inférence devient indispensable pour pouvoir interpréter les liens sémantiques entre les différentes entités de la BDBO Drugstic. Cette interprétation a comme essentiel objectif l'extraction des nouvelles connaissances afin de répondre parfaitement à la requête de l'utilisateur. La couche règle d'inférence se situe au niveau de la couche logique de la Figure 2.1 du chapitre état de l'art illustrant l'architecture en couche du Web sémantique. Dans notre cas, les règles d'inférences ainsi que la couche description des données sont développées sous forme de fichiers *Json*.

Json est un format d'échange de données facile à analyser et à générer. C'est un format texte qui utilise des conventions familières aux langages C/C++, C#, Java, JavaScript, Perl, Python, et plein d'autres. *Json* sert comme XML à la structuration et la description des données. Cependant, un fichier *Json* est potentiellement plus facile à interpréter qu'un XML qui impose un parcours hiérarchique de l'arbre représenté par le document entier.

A la réception des paramètres d'une requête, la couche traitement métier "Drugstic-serv" et le fichier des règles d'inférence agissent ensemble comme étant un moteur d'inférence. En effet, la couche traitement choisit le type de recherche approprié selon les paramètres de la requête reçue et les règles d'inférence. Ceci permet d'invoquer la méthode correcte et de choisir la description des données qui répond à la requête. La couche description des données renvoi à son tour la réponse à la couche "Drugstic Framwork" sous forme de fichier *Json* décrivant la structure des données de la réponse. La couche " Drugstic Framwork " se charge d'accéder à la BDBO Drugstic et remplir le fichier *json* reçu par les données nécessaires et selon la structure choisi par la couche précédente. Le fichier *json* final sera envoyé au conteneur Web qui se chargera de son affichage.

La couche "Drugstic Framwork" représente la couche persistance de la plateforme Drugstic. Cette couche est développée selon le modèle "EDM Drugstic" présenté par le chapitre précédent. Elle présente les objets nécessaires à l'accès des données de notre ontologie.

Afin de faciliter le développement de la couche métier «Drugstic-serv» nous avons opté pour le patron de conception *Fabrique* ou *Factory* qui fera l'objet de la section suivante.

5.5 Patron de conception *Fabrique*

Les patrons de conception représentent une méthode efficace facilitant la phase de conception toute en s'approchant de de l'implémentation. En effet, un patron de conception constitue un petit ensemble de classes apte à offrir la solution la plus efficace à un problème, du moment qu'il est le fruit du travail de nombreux développeurs qui se sont, tour à tour, penchés sur les mêmes problèmes. La connaissance de ces motifs permet au programmeur de trouver rapidement des implémentations pour ses programmes. La principale difficulté réside dans l'identification du problème et dans sa mise en relation avec des motifs connus. En ce qui concerne notre cas, les patrons de conception nous ont aidés à trouver une solution élégante à un problème conceptuel.

Notre problème réside dans la conception et ensuite l'implémentation de la couche métier "Drugstic-serv" de notre plateforme. En effet, pour la mise en œuvre de cette couche nous devons concevoir une classe qui va instancier différents types d'objets suivant les paramètres de l'URL fourni par le conteneur Web et suivant les règles d'inférences de la couche sémantique. Ce problème est similaire à celui d'une usine qui fabrique des produits en fonction du modèle qu'on lui indique. L'idée la plus simple pour répondre à ce besoin est d'écrire une succession de conditions qui, suivant le modèle demandé, instancie et retourne l'objet correspondant. Le problème avec cette implémentation, c'est que la classe correspondante à l'usine va être fortement couplée à tous les produits qu'elle peut instancier car elle fait appel à leur type concret. Or ce code va être amené à évoluer régulièrement lors de l'ajout de nouveaux produits à fabriquer ou de la suppression de certains produits. De plus, il est fort probable que l'instanciation des différents produits soit également réalisée dans d'autres classes suivant les mêmes paramètres. On se

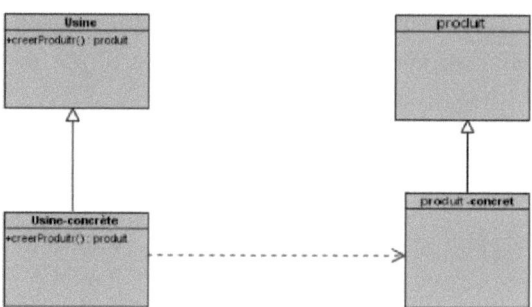

FIGURE 5.6 – Diagramme de classe du pattern *Fabrique*, exemple usine produit

retrouve alors avec du code fortement couplé, qui risque d'être dupliqué à plusieurs endroits de l'application.

Le patron de conception *Fabrique* répond parfaitement à ces problèmes. En effet, il définit une interface pour la création d'un objet en déléguant à ses sous-classes le choix des classes à instancier. La Figure 5.6 représente la solution proposée par le patron de conception *Fabrique* au problème de l'usine et le produit sous forme de diagramme UML.

La classe usine contient toutes les méthodes permettant de manipuler les produits exceptée la méthode «creerProduit» qui est abstraite. La classe «usine-concrète» implémente la méthode «creerProduit» qui instancie et retourne les produits. Chaque «usine-concrète» peut donc créer des produits dont elle a la responsabilité. Tous les produits implémentent la même interface afin que les classes utilisant les produits (comme la classe usine) puissent s'y référer sans connaître les types concrets. L'adaptation de cette solution a permis le développement de la couche métier «Drugstic-serv» de façon optimale. En effet, le patron *Fabrique* nous a permis de découpler les «searcher-concret» à instancier, tout en permettant à l'interface «search-manager» de choisir à partir des paramètres de recherche issus de l'URL et des règles d'inférences le «provider» adéquat selon le type de recherche et l'ensemble de filtres choisis par l'utilisateur. La Figure 5.7 représente le diagramme UML de cette solution.

Après avoir présenté le fonctionnement, l'architecture du moteur de recherche Drugstic ainsi que la solution pour le problème de couplage de la couche métier. Les interfaces de la couche présentation de la plateforme Drugstic feront l'objet de la section suivante.

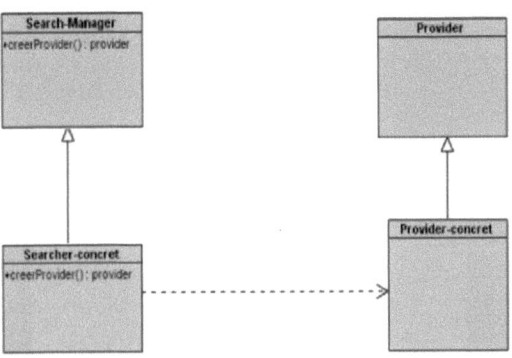

FIGURE 5.7 – Application du patron *Fabrique* à la couche «Drugstic-serv»

5.6 Couche présentation du Moteur de recherche Drugstic

La plateforme Drugstic permet à ses utilisateurs tels les médecins, les pharmaciens, les dentistes...etc d'accéder au moteur de recherche sémantique à travers l'interface d'accueil illustré par la Figure 5.8.

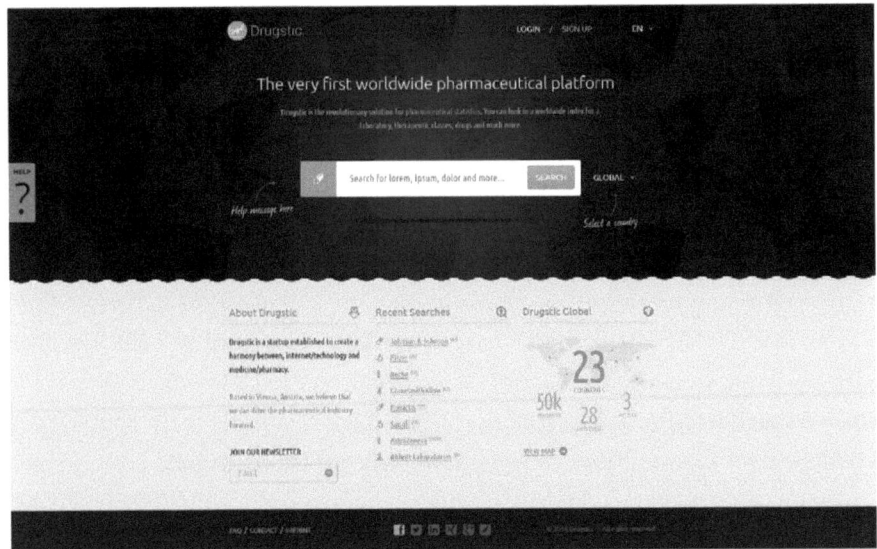

FIGURE 5.8 – Interface d'accueil

À travers ces interfaces, les différents utilisateurs sont capables de rechercher

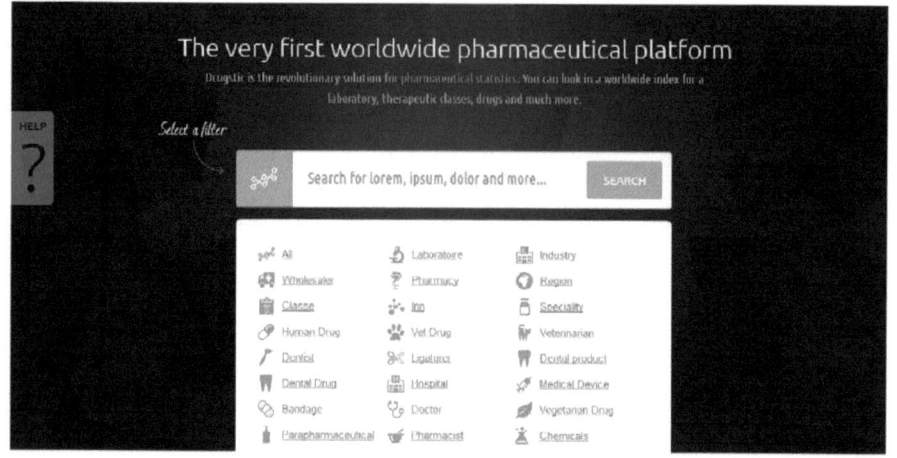

FIGURE 5.9 – Interface choix du filtre

des informations de l'industrie pharmaceutique tels que les médicaments, leurs classes thérapeutiques, les pharmacies, les pharmaciens, les laboratoires...etc de différents pays dans le monde. Pour cela, le moteur de recherche Drugstic met à dispositions de ses utilisateurs plusieurs filtres de recherches illustrés par la Figure 5.9. De même, pour une meilleure précision, les utilisateurs peuvent effectuer une recherche plus avancée à travers les sous filtres. La Figure 5.10 illustre les sous filtres du filtre classe thérapeutique.

5.7 Conclusion

Tout au long de ce chapitre nous avons présenté la réalisation du dernier Sprint à savoir la recherche sémantique à base d'ontologie. Ce Sprint permet d'exploiter la BDBO Drugstic afin de répondre efficacement aux requêtes client. Nous avons présenté l'architecture de la plateforme JAVA EE sur laquelle notre plateforme de développement repose. Nous avons ensuite présenté la réingénierie de cette architecture qui nous a permis d'adapter cette plateforme pour supporter une couche sémantique supplémentaire. Cette couche est extrêmement importante du moment qu'elle nous a permis d'effectuer les déductions nécessaires pour l'extraction des nouvelles connaissances. Puis, nous avons présenté la solution retenue pour faire face au problème du fort couplage de la couche métier à savoir l'utilisation du

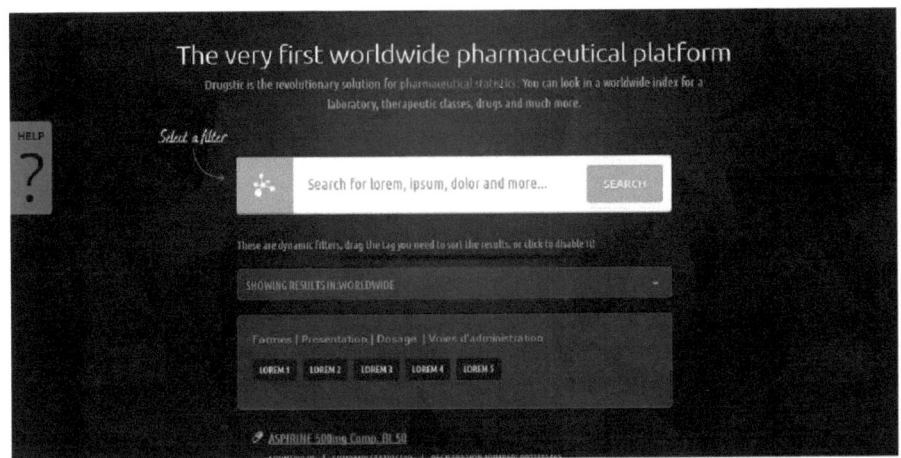

FIGURE 5.10 – Interface sous filtre classe thérapeutique

patron de conception *Fabrique*. Finalement, nous avons exposé quelques interfaces de la couche présentation du moteur de recherche Drugstic.

Conclusion et perspectives

Proclamé technologie du futur, en 2001, par son créateur Tim Berners-Lee [Ber01], le Web sémantique, propose un nouveau concept permettant une gestion plus intelligente des données, à travers sa capacité de manipuler leur liaison sémantique. Le Web sémantique favorise ainsi les coopérations Homme/Machine et permet de s'ouvrir à de nouvelles possibilités d'automatisation sur le Web.

C'est dans ce contexte que vient s'inscrire le projet Drugstic. Ce dernier, consiste à la construction d'une ontologie au profit de l'industrie pharmaceutique et son intégration dans un système de recherche en ligne. Ce projet est une réponse à des besoins réels de disposer d'un outil de recherche efficace qui englobe tout donnée en relation avec l'industrie pharmaceutique à savoir les médicaments, leurs classes thérapeutique, leurs codes DCI, les pharmaciens, les médecins...etc.

Pour la mise en place de ce système nous avons suivi une méthodologie précise et laborieuse, ce qui nous a permis de mener à bien ce projet. Un projet qui a la spécificité d'englober de façon harmonique les techniques du domaine de la recherche scientifique et l'industrie.

Nous avons entamé notre travail par une présentation du cadre générale du projet Drugstic. Nous avons ensuite, soulevé les différents défis de ce projet sous forme de problématique. À la lumière des différentes caractéristiques de notre projet, nous avons opté pour la méthodologie Scrum pour la mise en place de notre moteur de recherche sémantique. Après avoir entamé une étape de recherche qui a donné lieu à un premier chapitre d'état de l'art sur les méthodes de fouilles des donnée pour le Web sémantique, nous avons pu nous fixer quant aux choix des méthodes et des techniques à utiliser. Nous, nous sommes attaqués à la mise en œuvre sous forme de trois Sprints.

Le premier Sprint consiste à automatiser la collecte des données nécessaires pour la mise en œuvre de la plateforme Drugstic. Afin d'aspirer la partie du Web qui nous concerne, nous avons eu recours aux techniques du fouille du Web. Au vu de l'hétérogénéité des sites nous avons opté pour la technique du *Web structure mining* qui nous a permis d'analyser l'architecture interne des sites. Ce qui nous a permis d'extraire les URLs utiles pour l'extraction des données. Cette extraction a été réalisée à travers un script Java pour chaque site en utilisant la technique du *Web Scraping*. Cette technique permet l'automatisation de l'extraction des données à partir du Web sous forme de fichier HTML. La tâche la plus rigide dans ce Sprint consiste à traiter ces fichiers assez hétérogènes et les nettoyer pour enfin les structurer sous forme de fichiers CSV.

Le deuxième Sprint consiste à la construction de notre ontologie, qui permettra la normalisation et l'intégration sémantique des données. Pour ce fait, nous avons opté pour la conception d'un modèle assez flexible et générique. Ce modèle nous a permis d'intégrer les données non homogènes que nous avons collectées durant le Sprint précèdent toute en assurant leur liaison sémantique. Afin d'automatiser la construction de l'ontologie Drugstic, nous avons développé un script Java selon le modèle EDM Drugstic pour chaque fichier CSV.

Dans le dernier Sprint nous avons proposé une réingénierie de l'architecture J2EE pour l'exploitation de cette plateforme dans le développement du moteur de recherche sémantique Drugstic. Se basant sur l'ontologie construite au cours du deuxième Sprint, le moteur de recherche mis en œuvre permet de répondre de façon pertinente aux requêtes client. Le patron de conception *Fabrique* a été utilisé pour palier au problème du fort couplage de la couche métier.

La réalisation du moteur de recherche Drugstic nous a permis de combiner dans un seul projet, une panoplie de concepts de la recherche scientifique au profit de l'industrie. En effet, pour la mise en œuvre de ce projet nous avons opté pour le concept des ontologies ainsi que les différentes techniques de fouille du Web. Les point forts de ce moteur de recherche réside dans la flexibilité et la généricité du modèle conceptuel de l'ontologie, la reingénierie de la plateforme J2EE pour supporter une nouvelle couche sémantique, ainsi que dans l'utilisation du patron *Fabrique* pour le découplage de la couche métier.

Cependant, le projet Drugstic reste ouvert à de nouvelles perspectives, tel que l'intégration du concept *Adaptive Real Time Semantic Search* (ARTSS) au moteur de recherche. En effet, actuellement, on utilise les scripts de collecte et structuration des données pour la mise à jour de notre ontologie. L'intégration du concept ARTSS nous permettra de mettre à jour notre ontologie en temps réel à chaque fois qu'un utilisateur lance une requête. Ce concept assez évolué, nous permettra ainsi d'exploiter d'autres ontologies externes existantes sur le Web.

Bibliographie

[Baz05] M.Baziz, *"Indexation conceptuelle guidée par ontologie pour la recherche d'information"*, Thèse de doctorat, Toulouse 3, 2005.

[Ber01] T. Berners-Lee, J. Hendler, O. Lasilla, *"The Semantic Web"*, Scientific American, May 2001.

[Bor97] W. N. Borst, *"Construction of Engineering Ontologies for Knowledge Sharing and Reuse"*, PhD thesis, University of Twente, Enschede, 1997.

[Cha10] M. Charrad, *"Une approche générique pour l'analyse croisant contenu et usage des sites Web par des méthodes de bipartitionnement"*, Thèse de doctorat, Conservatoire national des arts et metiers-CNAM, Paris, 2010.

[Deh07] H.Dehainsala, G.Pierra, L. Bellatreche, Y.A. Ameur, *"Conception de bases de données à partir d'ontologies de domaine : Application aux bases de données du domaine technique"*, JFO 2007, pp. 215–230, 2007.

[Deu06] O. Le Deuff, *" Le succès du Web 2.0 : histoire, techniques et controverse "*, Novembre 2006, [http ://archivesic.ccsd.cnrs.fr/sic_00133571], consulté le 30/04/2014.

[Din12] C. Dinuca, D. Ciobanu, *"Web Content Mining"*, Annals of the University of Petrosani Economics, Vol. 12 Issue 1, pp. 85-92, 2012.

[Eik99] L.Eikvil, *"Information Extraction from the WWW"*, Scientific Literature Digital Library, 1999.

[Fay96] U. M. Fayyad, *"Data mining and knowledge discovery : making sense out of data "*, IEEE Expert, pages 20-25, 1996.

[Geo03] N. Georgiev, J. Labat, J. Minel, *"Extraction de données à partir de pages HTML par création semi-automatique de règles XSLT"*, Conférence nationale de référence dans le domaine de l'ingénierie des connaissances, pp. 117-127, 2003.

[Gos96] G. Gosling, H. Mc Gilton,*"The Java language environment"*, [http ://java.sun.com/docs/white/langenv/], May 1996.

[Gru93] T.GRUBER, *"A translation approach to portable ontology specification "*, Knowledge Acquisition, vol. 7, pp. 199-220, 1993.

[Gue09] A. Guessoum Graba, Z. EL Berrichi, *"Vers une Ingénierie Ontologique à Base du Web Usage Mining"*, Conférence Internationale sur l'Informatique et ses Applications, vol. 547 Mai 2009.

[Lau02] P. Laubert, C. Reynaud, J. Charlet, *"Sur quelques aspects du Web sémantique"*, Actes des deuxièmes assises nationales du GdRI3, p. 59-78, 2002.

[Mba12]] B.Mbaiossoum, S.Khouri, L.Bellatreche, S.Jean, M.Baron, *"Etude Comparative des Systèmes de Bases de Données à base Ontologiques "*, In INFORSID, pp. 379-394, 2012.

[Mes07] M. A. Mestiri, *"Vers une approche Web sémantique dans les applications de gestion de conférences"*, Thèse de doctorat. Université Laval, 2007.

[Mur06] T. Murgue, *"Extraction de données et apprentissage automatique pour les sites Web adaptatifs "*, Thèse de doctorat, Ecole Nationale Supérieure des Mines de Saint-Etienne, 2006.

[Psy03] V. Psyché, O. Mendes, J. Bourdeau, *"Apport de l'ingénierie ontologique aux environnements de formation à distance"*, Revue des Sciences et Technologies de l'Information et de la Communication pour l'Education et la Formation (STICEF), vol. 10, pp. 89-126, 2003.

[Rev12] V. Reverdy, *" indexation des contenus multimédias par le Web sémantique"*, ISC Paris ,2012.

[Sri00] J. Srivastava, R. Cooley, M. Deshpande, P.-N Tan, *"Web usage mining : Discovery and applications of usage patterns from Web data"*, SIGKKD Explorations, 2000.

[Tan05] D. Tanasa, *"Web usage mining : Contributions to intersites logs preprocessing and sequential pattern extraction with low support"*, Ph. D. Thesis, University of Nice Sophia Antipolis, 2005.

[Vil11] F. Villamor, J. Ignacio, *"A Semantic Scraping Model for Web Resources-Applying Linked Data to Web Page Screen Scraping."*, ICAART'11, vol. 2, pp. 451-456, 2011.

[Yan06] K. Yang, "*A conceptual Framework for semantic Web-based ecommerce*", Ph. D. Thesis, Université Laval, Québec, 2006.

Oui, je veux morebooks!

i want morebooks!

Buy your books fast and straightforward online - at one of world's fastest growing online book stores! Environmentally sound due to Print-on-Demand technologies.

Buy your books online at
www.get-morebooks.com

Achetez vos livres en ligne, vite et bien, sur l'une des librairies en ligne les plus performantes au monde!
En protégeant nos ressources et notre environnement grâce à l'impression à la demande.

La librairie en ligne pour acheter plus vite
www.morebooks.fr

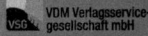

VDM Verlagsservicegesellschaft mbH
Heinrich-Böcking-Str. 6-8   Telefon: +49 681 3720 174   info@vdm-vsg.de
D - 66121 Saarbrücken   Telefax: +49 681 3720 1749 www.vdm-vsg.de

Printed by Books on Demand GmbH, Norderstedt / Germany